法學啟蒙叢書

Surety

民法系列——

保　證

林廷機　著

Civil Law

三民書局

國家圖書館出版品預行編目資料

保證／林廷機著.－－初版一刷.－－臺北市: 三民,
2010
　　面；　公分.－－(法學啟蒙叢書)
參考書目: 面
ISBN 978－957－14－5359－0　 (平裝)

　1. 保證

584.399　　　　　　　　　　　　　　　　99013138

© 保　證

著 作 人	林廷機
責任編輯	陳亞旋
美術設計	陳健茹
發 行 人	劉振強
著作財產權人	三民書局股份有限公司
發 行 所	三民書局股份有限公司
	地址　臺北市復興北路386號
	電話　(02)25006600
	郵撥帳號　0009998－5
門 市 部	(復北店)臺北市復興北路386號
	(重南店)臺北市重慶南路一段61號
出版日期	初版一刷　2010年9月
編　　號	S 585940

行政院新聞局登記證局版臺業字第○二○○號

有著作權·不准侵害

ISBN　978-957-14-5359-0　　（平裝）

http://www.sanmin.com.tw　三民網路書店

序

記得小時候母親即教與立身庭訓:「三代好,唔給人作保。」實務上,迭有所見子女不知父母生前為人作保,直至父母過世後,銀行及債權人登門討債,甚或已接到法院查封財產通知,又不及辦理拋棄繼承或限定繼承因而背上巨額債務之案例,屢經媒體報導,引發社會關注。2008 年初新修正之繼承法,針對在繼承開始後始發生之保證債務,已改採全面法定限定繼承,此制度無疑將大量減少背債兒女之產生,實為人民有幸。

從前述繼承法修訂之立法背景,不難看出「保證」在臺灣社會中實施之普及與其影響層面之寬廣。有趣而又諷刺者,雖多數民眾對為他人作保一事避之唯恐不及,但自己生活中卻不乏需要他人為自己作保之情形。蓋任何交易制度之產生必定有其現實上需求;在商業社會中,「保證」對於活絡資金流動、促進產業多元至均衡社會財富,可謂不可或缺之重要推手。設若市場上沒有「保證」制度作為輔助,金融機構或有資力之個人可能因擔憂所貸予他人的款項無法順利回收而不願將其資金釋出;企業與企業間進行鉅額交易、營造公司承接大型工程時,亦可能考慮到貨款、報酬不受清償之風險,在選擇交易對象時只願與少數已建立信譽或有長期合作經驗者訂定契約。如此一來,其餘有創業計畫及經營熱忱但相對資力較低之個人或企業,除非能提出動產或不動產作為擔保,勢必無法取得所需融資,則社會中交易機會與資金流通恐侷限於少部分人之間,長遠以觀,國家經濟發展不免緩慢而貧富差距不免擴大。

保證制度對於經濟、商業之助益層面極廣,不勝枚舉。惟如刀有雙刃,保證制度於社會上普遍實施以來,每每有債務人無法如期償還債務,致保證人成為債權人追討對象,被迫代為履行債務,苦不堪言。然吾人並不可謂其為保證制度下之遺害,蓋保證人於債務人無法履行債務時代負責任,實為「保證」之核心價值,為整體交易安全所仰賴;若廢棄之,對於民生所造成負面影響之巨,恐非三言兩語可道盡。

　　綜上所言，有鑑於保證在我國社會之普及，立法者於制定民法法典時，即將保證制度納入成為債各章節中有名契約之一種，並詳定保證契約裡有關保證人、被保證人與債務人三方間之權利義務，讓實務上保證之操作發生爭議時不會無所依據。本書作者擬在有限之篇幅中，帶領諸位讀者導覽我國民法對於保證契約之整體規範，配合深入淺出之案例說明，期望能幫助閱讀本書之人迅速擷取保證制度中之核心精華。又保證制度發展至今，民法上就保證契約所規範之基本架構已逐漸無法應付突飛猛進之商業規模及日益複雜之交易態樣，實務上故產生所謂「最高限額保證」、「工程保證」、「履約保證」等擔保工具，作者亦不忘將之納入介紹說明，希冀此可成為實務工作者之參考。

　　序末，特別感謝三民書局給予敝人此榮幸參與本法學啟蒙叢書之撰寫。本書之成，只要能為任何一讀者解答到其自身對於保證制度之疑惑，可謂敝人最大欣慰。撰寫過程中，不乏銀行界、金融界朋友給予許多意見及題材，使本書內容更趨豐富完善，還有逢甲大學財經法律研究所畢業生陳奕勳、林咏芬參與討論並協助編輯與校對，使本書在陳述與思考上更趨詳實正確，特表感謝。最後，為免本書在探討中仍有疏漏，謹盼閱讀此書之各界先進不吝給予指正，以期能精益求精，續為學界及實務界貢獻一己之力。

林廷機

2009 年 2 月於臺中

保證 contents

chapter 01

導　論

　　「債權之擔保」是指用以使債權人之債權較易獲得滿足之法律制度，降低債權無法受滿足之風險。在法律上，債務人雖然有義務履行債務，但就實際情形，債務人仍可能無能力或故意不履行債務。例如，甲向乙銀行借錢投資卻投資失利，名下無足夠的財產清償該筆借款債務，此時，債權人之債權即無法獲得滿足，在經濟上受有損失。以銀行之放款而言，銀行雖然得將資金貸與他人賺取利息並加以投資運用而獲利，同時亦面臨將來貸款無法取回之風險。若債權不能滿足之風險能降低，銀行放款的意願與額度將會提高，借用人得運用所取得之資金，銀行亦得從放款中獲利。因此，具有**降低風險**功能之債權擔保制度因而被廣泛的運用。

　　債權擔保制度有許多類型，例如物上擔保、保證金，係債務人提供特定之財產作為將來清償債務之用；又例如保證，係債務人以外之第三人以自己之財產作為將來清償債務之用。本書主要內容即在於探討債權擔保中之保證制度，同時就其他擔保制度併做介紹、比較，透過案例式之說明，期讀者能透過本書對現行法中保證制度建構起通盤的概念與認識。

第一節｜保證之意義

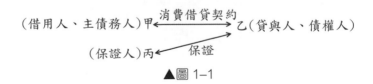

（借用人、主債務人）甲 ←— 消費借貸契約 —→ 乙（貸與人、債權人）

（保證人）丙 ←—— 保證

▲圖 1–1

　　保證為交易實務上常被運用之債權擔保制度之一。例如某甲欲向某乙借用新臺幣一百萬元以為投資，為期半年。乙考量甲的投資計畫及清償能力，認為甲無法在半年後償還所借用之一百萬元及利息，而不願將錢貸與某甲。甲進而向乙商討，甲之兄丙為知名企業董事長，若乙願意將一百萬

元借與甲半年，半年後清償期屆滿而甲仍未清償本金及利息，丙願代甲償還。乙考量丙財力雄厚，將來就算甲沒有能力償還，也能向擔任企業董事長的丙追討，而願意將一百萬元貸與甲半年，並且與丙成立保證契約。

該案例存有兩個法律關係❶，一為甲、乙間消費借貸契約法律關係，一為丙、乙間保證契約法律關係，二者並不相同。消費借貸契約是指民法第 474 條所稱，當事人一方移轉金錢或其他代替物之所有權於他方，而約定他方以種類、品質、數量相同之物返還之契約。此處所指之當事人為甲、乙二人，甲向乙提出借用一百萬元之要約意思表示，乙承諾願意將一百萬元金錢所有權移轉於甲，半年後甲須返還相同數量之金錢，雙方成立消費借貸契約，而非保證。清償期屆滿後，乙得依消費借貸契約請求甲返還一百萬元及利息，此時若甲不能或故意不返還借款及利息，乙即得依據「乙、丙間之保證（契約）」請求丙負保證責任，而非以消費借貸契約為依據請求丙負保證責任。

保證（契約）是指民法第 739 條所稱，當事人約定，一方於他方之債務人不履行債務時，由其代負履行責任之契約。此處所指之當事人為丙、乙而非甲、乙。丙與乙約定，當事人乙之債務人甲債務不履行時（未在半年後償還一百萬元及利息），由丙代負履行責任，丙、乙間即成立保證契約。將來甲未依約償還本金及利息時，乙可先後向甲與丙請求償還一百萬元及利息。惟在法律上，乙向甲與丙請求償還之法律依據不同：乙得依甲、乙間之消費借貸契約請求甲清償，依丙、乙間之保證契約請求丙清償。將來

---

❶　在法律上，契約僅存在於當事人之間，僅對當事人生拘束力，自己不受他人間之契約所拘束，僅契約當事人對他當事人負有履行債務之義務。在一個牽涉數人的多邊交易下，應先尋找可能存在之契約，再釐清各個契約之當事人為何，始能進一步探討何人對何人負有履行債務之義務。而契約當事人之「法律關係」就是說某個契約下的當事人，因為契約所產生之「權利義務關係」，亦即當事人一方得對他方主張之權利與應履行之債務內容。原則上，契約法律關係內容依據當事人之契約內容而定，若當事人未約定之事項產生爭執時，將依民法既有之相關規定解決。若法律未有規定，依照交易習慣而定。若無交易習慣，依法理而定。

乙須向法院清楚表明，究竟是依何契約向何人求償。

　　而在這個案例中我們可以說，乙、丙間成立之保證契約是為了擔保乙之債權能獲得滿足之用。將來甲不履行借款返還債務，例如甲無足夠財產清償一百萬元及利息，或者甲有故意隱匿財產、脫產等不法行為，乙尚得依保證契約請求丙代負履行責任，請求丙代替甲返還一百萬元及利息。雖然保證人丙亦可能不履行保證債務，與債權人甲一同隱匿財產或脫產，但相較完全無保證人作保之情形，乙僅能請求甲返還借款，乙之債權無法獲得滿足之風險仍然較高。

　　此外，為論述之便，在探討保證法律關係時，學說上將甲、乙間之消費借貸契約稱為主債務契約，乙、丙間之保證契約是為擔保主債務之履行的契約。

第二節 ｜ 保證之性質

⊙ 壹、有名契約

　　民法債編第二章「各種之債」（債編各論）中所列舉規定之各種契約類型，例如買賣、贈與、租賃、借貸、僱傭、承攬、旅遊、出版、委任等等，在學說上稱為有名契約。有名契約當事人間產生爭執之事項為契約未有約定之事項，將依民法之規定（總則編、債編總則及各種之債之規定）解決。例如買賣契約中未針對運費應由何人負擔為約定，契約成立後雙方就運費負擔之問題產生爭執，將適用民法第 378 條第 2 款之規定，由出賣人負擔運費。至於無名契約則是民法債編各論列舉之契約類型以外之契約之統稱。無名契約當事人針對契約未約定之事項產生爭執，僅依民法總則編及債編總則之規定，若未有相關規定，除得類推適用各種之債之情形外，依民法第 1 條解決。

保證規定於民法第 739 條以下，為債編列舉之契約類型，為一有名契約。因此，保證雙方當事人之法律關係依雙方契約內容而定，未有約定者，適用民法第 739 條以下之規定以及其他相關規定。

▶ 貳、諾成契約、不要式契約

保證雙方當事人互為要約及承諾之意思表示合致，保證即成立，不以雙方作成契約書證明意思表示之合致為要件。也就是說，雙方只要口頭上互相表達成立保證之意思，雙方間即成立保證。法律規定某類型之契約之成立須以書面為之者，該類契約於學說上稱為要式契約，例如民法第 756 條之 1 以下之人事保證契約。要式契約未以書面方式為之，依民法第 73 條規定，契約原則上不成立，雙方當事人即無契約上法律關係。保證則為一不要式契約，蓋民法並未規定保證須以書面為之。當事人僅以口頭互為保證之要約與承諾，未作成書面契約，保證仍成立❷。

雙方以口頭方式達成成立保證之合意，保證固然成立，惟將來債權人向法院起訴請求保證人履行保證責任時，須向法院證明雙方曾有成立保證之事實，始有獲得勝訴判決之可能。僅以口頭方式成立保證，相較以作成書面契約之方式，較不易證明雙方有成立保證。故建議欲成立保證關係之當事人應作成書面契約，並留有雙方之簽名或印鑑，將來較易證明，對債權人而言亦較有保障。

▶ 參、從契約

保證及其所擔保之主契約為互相獨立之契約，但保證之成立從屬於所擔保之主契約，主契約若不成立，保證亦不成立。學說上稱此種以他契約之成立為成立要件之契約為從契約。蓋保證是為了擔保主契約之履行而存在，若主契約根本不成立，就沒有主契約債務不履行之問題，保證亦失去

---

❷ 另參見最高法院 95 年臺上字第 1242 號判決之判決要旨「稱保證者，謂當事人約定一方於他方之債務人不履行債務時，由其代負履行責任之契約，既不以書面、更不以使用印鑑章為必要。」

其擔保之標的。也就是說，保證是一種輔助性質的契約，用來降低債權人之債權未能滿足之風險，輔助主契約債務之履行。若根本就沒有主契約債務的存在，保證無存在的意義，若仍強令保證人負保證責任，如同保證人從輔助履行債務的地位變成主要債務人，此結果明顯與當初保證人僅輔助性地履行債務之意願不符。因此，當主契約不存在，保證亦不存在。

第三節 | 與保證類似之法律制度

本節以下探討之法律制度，包括債務承擔、損害擔保契約、保證保險、票據保證、訴訟費用擔保之保證、履約保證金及物上保證。其中債務承擔並非債權擔保之法律制度，其他則為具有擔保功能之法律制度，或多或少均與保證有類似之處，但本質上與保證完全不同。讀者於較熟稔保證之性質及法律關係後，得藉著閱讀本節法律制度之比較，更進一步了解「債權之擔保」制度。

⊙ 壹、債務承擔

保證法律關係中，主債務人不履行債務時，保證人代負履行之責任。而債務承擔中，承擔人自己承擔債務後即為主債務人，在法律上，承擔人並非從屬性地代原債務人負履行責任。債務承擔可分為免責的債務承擔（民法第 300 條及第 301 條）及併存的債務承擔（民法第 305 條及第 306 條）。免責的債務承擔是指第三人與債權人訂立契約承擔債務人之債務 ❸，或者第三人與債務人訂立契約承擔債務，並經債權人承認，第三人完全承擔原債務人之債務，債務人因而脫離債之關係。此時債權人僅得請求承受人履行債務，不得請求原債務人履行債務，因此學理上稱此為「免責」之債務承擔；也就是說，原本的債務人脫離債務，轉由他人完全承擔債務，由承

---

❸ 此種契約稱為債務承擔契約，為無名契約。

擔債務的人繼續負擔債務。例如甲積欠乙銀行一百萬元，丙則積欠甲一百萬零五千元。甲、丙約定，若丙願意承擔甲對乙之一百萬元債務，即免除丙對甲之債務。丙欣然允諾，甲並將丙願意承擔債務之情事通知乙銀行。乙銀行考量丙之財務狀況與資力後，願意由丙承擔甲之債務，承認甲、丙間之債務承擔契約。此時依民法第 302 條規定，丙即承擔甲對乙之一百萬元債務，甲不再對乙負有清償一百萬元之債務，改由丙對乙負有一百萬元債務。將來丙清償一百萬元後，不得向原債務人甲進行求償，債務承擔人自己負終局責任。

除了承擔人之債務性質與保證債務性質不同外，免責債務承擔與保證之不同在於，主債務人不因保證人代負履行責任而完全免去法律上責任。保證人代債務人清償債務後，除對債務人取得求償權外，更承受原債權人對債務人之債權，債務人不因保證而免除債務，仍應對保證人補償，負終局之法律上責任。而免責債務承擔中，承擔人清償自己之債務後，不得向原債務人進行求償。

併存的債務承擔是指第三人加入原法律關係而成為債務人之一，原債務人並未因而脫離原債之關係，與第三人（承受人）負連帶債務責任，故學理上稱為「併存」之債務承擔。此時債權人得選擇向債務人或第三人（承受人）請求為一部或全部之給付。也就是說，第三人加入原本的債務，成為債務人之一，與原債務人共同負連帶責任。併存債務承擔與保證法律關係不同在於，保證債務僅為從屬性債務，保證人僅是代債務人負履行責任；而併存債務承擔中，承擔人之債務非為從屬性債務，並非代替原債務人履行債務，是自己對債權人之債務。併存之債務承擔人是履行自己之主債務，與保證債務不同。

▶ 貳、損害擔保契約

損害擔保契約，是指雙方約定，一方就他方因一定危險而受有之損害負賠償責任之契約。例如甲向乙銀行借款一百萬元，乙與丙約定，將來甲未按時返還借款所遭受之損失，由丙負損害賠償責任，該約定即為損害擔

保契約，其中丙為擔保人而乙為被擔保人。損害擔保契約為一無名契約，在司法實務上亦未見相關討論，然基於私法自治原則，只要不違反法律強行規定或公序良俗，損害擔保契約在法律上仍具有效力❹。

　　損害擔保契約所擔保之危險，包括被擔保人自己債務不履行而對他人生損害賠償責任，以及被擔保人之債務人不履行債務而使被擔保人遭受損害。後者情形與保證相類似，但實質上不相同。保證債務是從屬於主債務，保證人僅於債務人不履行債務時，代為履行債務；而損害擔保契約中，擔保人之損害賠償義務不具從屬性，對被擔保人遭受之損害所負之損害賠償責任，是自己之責任，非代替引起該損害之債務人負賠償責任。簡單的說，損害擔保契約中，債務人不是在代替他人履行債務，而是在履行自己的債務。只要他人的行為造成契約他方的損害，債務人就要負損害賠償責任，他人是否對他方負損害賠償責任，並非所問；而保證人是在代替主債務人履行債務，若主債務人對債權人沒有損害賠償責任或履行債務之責任存在，保證人自無保證責任可言。

　　此外，損害擔保契約亦得約定在債之關係不成立而使被擔保人受有損害時，由擔保人負損害賠償責任。例如甲欲向乙購買一批貨物而簽訂買賣契約，甲另與丙約定若甲、乙間之買賣不成立導致甲受損害時，由丙賠償甲所受損害。不料乙疏失未察，該批貨物於訂約前在運送過程中滅失，依民法第 246 條規定，甲、乙間之契約自始無效。依據甲、丙間之損害擔保契約，甲因而遭受之信賴利益損失（例如支出締約費用），得向擔保人丙請求損害賠償。相對而言，由於保證之成立是以主債務有效成立為前提，在上述案例中，若甲、丙成立保證以擔保乙履行交付貨物之義務，該保證將因甲、乙間契約自始客觀不能而隨之無效。也就是說，甲雖然得請求乙賠償信賴利益損失，但不得請求保證人就該損失代負損害賠償責任。

---

❹　陳怡林，〈「民法」債編修訂對銀行保證契約之影響〉，《金融財務》，第 5 期，2000 年 1 月，頁 97。

▶ 參、保證保險

依保險法第 1 條規定，保險契約是約定一方於他方遭受不可抗力、不可預料之損失時，負賠償責任之契約。若以被保險人之債務人不履行債務之危險作為保險標的，該類型保險稱為保證保險。保險法第 95 條之 1 規定：「保證保險人於被保險人因其受僱人之不誠實行為或其債務人之不履行債務所致損失，負賠償之責。」為保證保險之定義。保證保險亦為一種擔保債權獲得滿足之制度，被保險人（債權人）之債務人不履行債務時，得請求保險人以自己之一般財產負損害賠償責任，以填補債務不履行對被保險人之損害。惟保證保險與保證仍屬不同之制度。

保險與保證之不同處，如同損害擔保契約與保證之不同，亦即保險人之損害賠償責任為獨立之主契約義務，非從屬於他債務；而保證債務則是從屬於主契約債務。例如要保人甲與保險人乙約定，甲因其債務人不履行債務所受之損害，由乙負賠償責任。乙是負自己之賠償責任，非代甲之債務人負賠償責任。又，保險法第 53 條設有保險代位制度，保險人乙對被保險人甲負賠償責任後，依該條規定取得甲對其債務人之損害賠償請求權，是為避免被保險人獲雙重賠償，因損害而得利之結果。且保證保險僅為了擔保被保險人之債權獲得滿足，並非使債權人藉而獲得較原債權範圍要大之利益。

而保證人代主債務人負履行責任後，依民法第 749 條承受原債權，在結果上，與保險人代位取得被保險人（債權人）之債權相同，但第 749 條是為保護無償負擔債務的保證人之求償權而設，與保險法第 53 條之立法目的有所不同，應予釐清。

▶ 肆、票據保證

票據是一種支付對價的工具，例如甲建築公司欲向乙購買一批價值一千萬元之檜木作為建材使用，但臨時沒有可周轉之現金，因而向乙商量，由甲先簽發一張一千萬元的匯票，約定十日後乙可到甲指定的銀行兌現該

匯票。乙考量甲之信用紀錄後，認為甲將來真有能力且有誠意支付一千萬元，同意甲以匯票之方式付款，而與甲作成該筆買賣。此外，票據亦可能用來擔保將來借款之返還。例如甲向乙借款一百萬元，乙要求甲簽發一百萬元本票以為擔保，將來甲未返還借款，乙得向法院聲請本票裁定，直接以該裁定為執行名義，強制執行甲之財產，而無須另行透過冗長之訴訟程序取得確定判決作為執行名義❺。

詳區分下列兩種法律關係: A.票據作為支付工具 v. B.票據作為擔保工具。

▲圖 1-2

發票人簽發票據後，即對執票人負有履行票據債務之義務，但實際上執票人仍有票據債權無法獲得滿足的風險。為降低將來執票人求償不能之風險，使執票人較願意接受票據，可藉由保證或票據保證，提高票據的信用。一張票據上有越多人作保，越多人加入票據債務人之列，將來執票人得選擇請求付款的對象就越多，執票人的票據債權無法獲得滿足的風險就越低，執票人也就更願意接受這張票據。

票據保證雖名為「保證」，與民法所稱之保證，本質上完全不同。就法律性質而言，票據保證為一獨立票據行為，且為一單獨行為❻，票據保證人單獨意思表示即發生債之關係，不待債權人承諾之意思表示。而保證則為契

❺ 票據法第 123 條規定，執票人向本票發行人行使追索權時，得聲請法院裁定後強制執行。

❻ 關於票據行為之性質，有學說認為係一單獨行為，亦有學說認為係一契約行為。若認為係契約行為，必須發票人、背書人或票據保證人與執票人間互為有效且相一致之意思表示始得成立票據行為。若認為係單獨行為，僅需發票人、背書人或票據保證人單獨作成意思表示且將該意思表示送達至執票人可支配之範圍下，票據行為即成立。將票據行為歸類為單獨行為，相較容易使票據行為生效，較符合票據法之促進票據流通性之立法目的。

約行為，須保證人與債權人互為內容相一致之意思表示，保證始告成立。此外，**票據保證人之債務，為自己之票據債務，非代替被保證人履行票據債務，**不得主張民法第 745 條之先訴抗辯權。將來執票人行使追索權時，得直接向票據保證人求償，不須待被保證人未履行債務時始得為之。而保證債務是一從屬性債務，保證人是代替債務人負履行責任，原則上得主張先訴抗辯權。因此，就求償程序上，執票人對票據保證人求償較為容易。

又票據保證人與被保證人負同一責任，若被保證人之債務消滅，則票據保證債務亦隨同消滅，自屬當然。至於被保證人對執票人得主張之抗辯事由，票據保證人得否持以對抗執票人，則有肯否二說。否定論者以為，票據保證與民法之保證不同，不得適用民法之規定。民法第 742 條第 1 項規定，主債務人所有之抗辯，保證人得主張之，非適用於票據保證。故票據保證人僅得以自己對執票人之抗辯事由，對抗執票人。本文則以為，票據保證不適用民法保證之規定自屬當然，惟不得因而推論出，票據保證人不得以被保證人對執票人之抗辯事由主張抗辯之結論。自票據法第 61 條第 1 項文義解釋，保證人僅與被保證人負同　責任。所以，假若被保證人得對執票人主張抗辯而不負票據責任，保證人亦得因該抗辯事由不負票據責任。

⊙ 伍、訴訟費用擔保之保證

訴訟費用之負擔規定於民事訴訟法第 78 條以下，原則上由敗訴之當事人負擔訴訟費用。例如被告為舉反證推翻原告之主張，而先支出之三千元，將來原告敗訴，應由原告負擔（民事訴訟法第 78 條），被告得請求原告償還該三千元之費用支出。訴訟費用擔保之規定，即為避免將來原告不返還被告已先墊付之訴訟費用，賦予被告得就所提出之擔保取償之權利。訴訟費用之擔保規定於民事訴訟法第 96 條以下，當原告於我國無住所、事業所及營業所時，被告得聲請法院裁定原告提供訴訟費用之擔保。

至於供擔保之方法，民事訴訟法第 102 條規定，供擔保應提存現金或法院認為相當之有價證券。但當事人別有約定者，不在此限。前項擔保，得由保險人或經營保證業務之銀行出具保證書代之。應供擔保之原告，不

能依前二項規定供擔保者，法院得許由該管區域內有資產之人具保證書代之。本條所稱之「保證書」，應是指保險人、銀行或轄區內有資產之人，願代替原告履行支付訴訟費用債務之書面意思表示，經被告同意後，與被告成立保證。

若訴訟費用應由原告負擔，而原告又未履行償還訴訟費用之債務時，被告得依保證契約，請求出具保證書之人代為償還所支出之費用。同法第103 條第 2 項規定：「前條具保證書人，於原告不履行其所負義務時，有就保證金額履行之責任。法院得因被告之聲請，逕向具保證書人為強制執行。」本項之規定應為民法第 745 條保證人先訴抗辯權之特別規定。故，民事訴訟法第 103 條第 2 項但書優先適用之結果，被告無須先就原告之財產聲請強制執行，即得逕向法院聲請強制執行保證人之財產以清償訴訟費用。

⊙ 陸、履約保證金

契約中之履約保證金條款，由契約一方當事人提供他方一定數額之金錢，用以擔保自己將依債之本旨履行契約。履約保證金條款之性質為何，應視契約具體內容而定，不能一概而論。目前實務上常見之履約保證金條款有如下三種❼：第一種是將履約保證金作為擔保損害賠償責任之履行，例如雙方約定「工程招標決標後，若得標承包商未簽約，或有任何缺失、違約情事、工程不能如期完成、未履行保固責任時，除依合約辦理外，業主得採取必要措施改善及完成或保固工程，並動用各項保證金支付一切費用，以及抵充應繳業主之罰款與賠償業主之損失。俟結算後如有餘款，再憑據無息退還，如各項保證金不足支付上開費用、罰款及損害賠償時，仍應由承包商負責給付」。此種履約保證金是一方當事人預先提供一定之金錢，擔保將來自己依債之本旨履行債務，若債務不履行而對他方負損害賠償責任時，他方得直接自履約保證金受償，具有擔保之性質。第二種是將履約保證金作為懲罰性違約金❽，例如雙方約定「乙方違反本合約任何條

---

❼　參見洪羽柔，〈工程履約保證金性質之初步檢討〉，《萬國法律》，第 127 期，2003 年 2 月，頁 11。

款時，甲方得不經預告終止本合約，並沒收履約保證金」。第三種是將履約保證金同時作為擔保損害賠償責任之履行以及懲罰性違約金，例如雙方約定「乙方如有其他不履行本合約約定之行為，其所發生之一切費用或甲方遭受之損害，甲方得在履約保證金內扣除。如有不足，得向乙方追繳之。若經書面限期改善仍拒絕接受或不履行，甲方得終止合約，履約保證金不予發還」。

　　契約一方提供他方履約保證金作為懲罰性違約金之用時，性質上與保證人以自己之財產擔保主債務人履行債務完全不同，蓋前者是視為不於適當時期或不依適當方法履行債務所生損害之賠償總額；至於擔保性履約保證金，雖與保證同為擔保主債務之履行，性質上二者亦有不同。擔保性履約保證金是債務人自己先提供一定之金錢予他方，當債務人不履行債務時，他方得直接以該金錢部分或全部受償因不履行所生之損害。而保證是主契約以外之第三人，未事先給付一定金錢予債權人，僅與債權人成立一契約，使債權人於主債務不履行時，取得對保證人之債權請求權，請求以其一般財產代負履行責任。

▶ 柒、物上保證

　　擔保性質之履約保證金是債務人自己提供一定金錢予債權人，以該金錢擔保自己債務之履行。而物上保證則是債務人或第三人設定擔保物權予債權人，若債務人不履行債務，債權人得聲請拍賣擔保物，就拍賣所得價金受償。換言之，物上保證是設定一擔保物權❾作為擔保，而擔保性履約保證金是以一定金錢提供擔保，並透過契約使債權人得以該擔保金受償。

---

❽ 懲罰性違約金係指民法第 250 條第 2 項後段，違約金之約定如債務人不於適當時期或不依適當方法履行債務時，即須支付違約金者，債權人除得請求履行債務外，違約金視為因不於適當時期或不依適當方法履行債務所生損害之賠償總額。

❾ 擔保物權包括民法第 860 條以下之抵押權、第 884 條以下之質權及第 928 條以下之留置權。債務人或第三人提供特定之物，透過登記或設定物權之合意使債權人取得以該特定物為標的之擔保物權，擔保特定債務之履行。將來債務若不履行時，擔保物權人得就該特定物受償。

　　物上保證與保證亦有不同。在物上保證之情形，債權人是取得一擔保物權擔保自己之債權將被履行；而在保證之情形，債權人是取得一保證債權擔保自己之債權將被履行。就取得執行名義之效率而言，擔保物權人相較容易取得執行名義。例如第三人設定其所有之 A 屋抵押權予債權人，得直接向法院聲請拍賣 A 屋，以法院所為之拍賣許可裁定為執行名義❿，就拍賣所得價金受償，無須再經過冗長之訴訟程序。若債權人僅取得保證債權，須透過訴訟程序取得一確定之終局判決，以為執行名義，就保證人之財產受償。

　　此外，擔保物權人得主張優先就擔保物權標的物受償。例如第三人丁（抵押人）設定 A 屋（市值四百萬元）抵押權與債權人乙，擔保三百萬元債權額。丁另有對其他債權人戊二百萬元之借款未返還。將來強制執行 A 屋時，乙得主張優先就拍賣 A 屋所得四百萬元優先受償，戊僅得於乙之三百萬元債權滿足後，就剩餘之拍賣所得價金（一百萬元）受償。然而，在保證之情形，保證債權人不得主張優先就保證人之財產受償，僅得依強制執行法第 31 條以下，與保證人之其他債權人參與分配執行所得。例如保證人丙名下僅有 B 屋（市值四百萬元），與甲之債權人乙成立保證以擔保甲乙間三百萬元借款之返還。此外，丙本身又對其債權人己有二百萬元借款未返還。將來強制執行 B 屋時，乙須與己依債權比例（本案例中乙與己之債權比例為 300 萬：200 萬 = 3:2）就拍賣所得四百萬元價金受償，由乙就其中二百四十萬元受償（400 萬 × 3/5），乙就其中一百六十萬元受償（400 萬 × 2/5）。

　　享有擔保物權之債權人相較於保證下之債權人更容易取得執行名義，又得主張優先受償，但僅限於擔保物權之標的範圍內。以抵押權為例，擔保物權人取得許可拍賣裁定以為執行名義，僅得就抵押物強制執行，執行名義效力不及於抵押人之其他財產。而抵押權人亦得僅就抵押物拍賣所得主張優先受償，不得就抵押人之其他財產優先受償。實行抵押權後擔保債權仍未滿足，抵押權人仍須另行對債務人取得執行名義，就債務人之一般財產強制執行，並與其他債權人共同分配。

---

❿　強制執行法第 4 條第 1 項第 5 款。

chapter 02

保證之成立

　　保證是一種契約，而契約成立之三要素，包括(1)當事人須具有權利能力，(2)當事人所為相一致之意思表示在法律上須為有效，且(3)契約之標的須為合法正當，不得違反公序良俗或法律強行規定。本章就保證契約之成立加以探討，而在探討此問題前，應先就保證下發生之法律關係中釐清究竟何契約始為保證，以及該契約成立於何人之間。

第一節 ｜ 保證下之法律關係之釐清

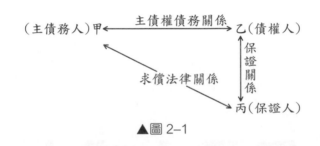

▲圖 2-1

　　保證通常伴隨著三方法律關係，包括：主債務人與債權人間之法律關係，稱為主債權債務關係；保證人與債權人之法律關係，稱為保證關係；保證人與債務人之間法律關係，稱為求償法律關係。本章探討保證之成立，專就保證關係而言。主債權債務關係之成立為保證之成立要件，非保證關係本身。至於求償法律關係，為保證人履行保證債務後，對債務人之債權債務關係，亦非保證關係本身。

　　保證是基於保證人與債權人之意思表示一致而成立❶，契約當事人僅

---

❶　但是在某些少數情形中，保證是因為法律規定而發生，而非因為雙方法律行為產生者，稱為法定保證。例如海商法第 74 條第 1 項規定「載貨證券之發給人，對於依載貨證券所記載應為之行為，均應負責」。第 2 項規定「前項發給人，對於貨物之各連續運送人之行為，應負保證之責。但各連續運送人，僅對於自己航程中所生之毀損滅失及遲到負其責任。」民法第 756 條之信用委任亦是一

保證人與債權人，主債務人非為當事人。實務上常見之方式為，債務人向債權人提出保證書，債權人始願意與債務人成立契約，並與保證人成立保證。例如甲欲向乙銀行借款一百萬元，乙要求甲自行尋找保證人，並提出保證書，乙始願意將錢借予甲。甲與其父丙商量，請求丙擔任保證人，丙考慮後願意與乙成立保證，先在保證書面契約上簽名並交予甲，甲再持該保證書向乙借款。此例中，保證仍然是成立於乙銀行與丙父間，並非成立於甲、乙間；甲出示保證書給乙，僅代替丙傳達願意與銀行成立保證之要約意思。

由第三人代為傳達意思表示之情形於實務上常見。在通常情形下，第三人是受他人委託或被他人授與代理人地位而代為傳達、表達該他人之意思表示。然而實務上亦常發生未經他人同意私自以他人名義傳達意思表示之情形，例如上例中，丙無與乙成立保證之意思，甲仍偽造丙簽名，以丙名義與乙訂立保證契約。此時丙、乙間是否仍成立保證即有疑問。原則上，除有民法第 169 條表見代理之情形，或丙事後承認甲無權代理之行為外，丙、乙間自無成立保證。關於此問題，將於下節中詳細討論。

第二節 │ 當事人

原則上具有權利能力之人即得成為契約之主體，成為契約之一方當事人。此外，民法對保證人之資格亦未設限制，任何人均得為保證人。惟以公司形式存在之法人，依公司法第 16 條第 1 項之規定，公司除依其他法律或公司章程規定得為保證外，不得為任何人之保證人。若公司違反該項規定而與他人成立保證，保證並非因而無效，依同條第 2 項規定，由公司負

種法定保證。此外，公司法第 16 條第 2 項規定「公司負責人違反前項規定時，應自負保證責任，如公司受有損害時，亦應負賠償責任。」亦得解釋為是一種法定保證。

責人自負保證責任❷。

　　現行法律規定可為他人作保的公司包括銀行及信託投資公司。前者依銀行法第 3 條第 13 款之規定，後者是依銀行法第 20 條之規定。至於法律未規定得作保的公司，若公司股東會通過的章程中有記載公司得為他人擔任保證人的條款時，該公司亦得為保證人。惟應注意，公司章程若有限縮公司得為保證之範圍時，僅在章程規定之範圍內始得為保證人。例如章程記載「得為業務上有關之保證」或者「得為有關進出口業務之保證」，公司超出此範圍外為他人作保，依公司法第 16 條第 2 項規定，公司不負保證責任，由公司負責人自負保證責任❸。

第三節 ｜ 雙方意思表示一致

▶ 壹、雙方為相一致內容之意思表示

　　保證之當事人為保證人與債權人，雙方成立保證之意思表示一致時，保證即告成立。所謂成立保證之意思表示一致，是指保證人願意於特定債務人不履行債務時，對債權人代負履行責任，而債權人也願意於該特定債

---

❷　雖然公司負責人沒有與債權人成立保證的意思表示，仍應對債權人負保證責任，這是基於公司法的特別規定而來。也就是說，此時公司負責人的保證責任是因為法律規定而產生。有學說認為這是一種法定的契約承擔，也有認為這是一種法定之免責的債務承擔，可參閱張嘉麟，〈論公司與他人所締結之保證契約的效力〉，《月旦法學雜誌》，第 19 期，1996 年 12 月，頁 72～73。

❸　有認為公司僅得在章程規定之範圍內為保證業務，但非謂凡章程中記載得為保證，其任何保證行為均屬有效，尚應合於公司法第 16 條之精神，公司所為之保證行為始生效力。至少該保證必須與公司之業務有關，且其應以利於公司之財務為目的。參閱陳長文，〈論公司保證〉，《法令月刊》，第 32 卷第 4 期，1981 年 4 月，頁 8。

務人不履行債務時，由保證人代履行債務。若保證人受脅迫而為意思表示，不論是債權人或債務人所脅迫，保證人依民法第 92 條第 1 項規定，得撤銷其意思表示。若保證人受詐欺而為意思表示，例如保證人被提供錯誤之資訊而誤認債務人之財務狀況或清償能力，是保證相對人所為，依同項規定得撤銷意思表示；若是第三人所為，例如債務人對保證人提供假造之繳稅單，使丙誤以為債務人有龐大資產，僅為臨時周轉現金需要有人作保，依同條第 1 項但書規定，以債權人明知或可得知該詐欺之事實為限，保證人始得撤銷意思表示。若債權人不知債務人提供錯誤訊息使保證人產生錯誤，保證人仍不得撤銷意思表示。

契約因雙方當事人意思表示合致而成立，是指當事人透過外在行為使他方當事人知悉自己內心的意思，而他方當事人亦透過外在行為使對方知悉自己內心的意思，而這兩個意思表示在內容上互相一致時，契約即成立。所謂透過外在行為，例如透過面談、電話、書面信函、電子郵件或透過第三人向他方當事人轉達自己內心之意思。此外，當事人亦得藉代理人❹與他方當事人成立保證。代理人以本人之名義為意思表示，且透過外在行為使他方當事人知悉該意思表示之內容，而他方亦為一個內容相呼應之意思表示，保證即成立於本人與他方之間。

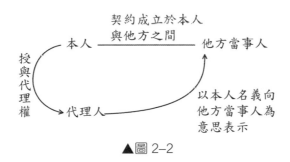

▲圖 2-2

---

❹ 當事人透過第三人傳達自己內心意思，該第三人僅為一單純傳達意思表示內容之機關，未決定意思表示之內容，學說上稱該第三人為「使者」。而代理人係自己決定意思表示之內容，以本人之名義為意思表示，與單純替本人傳達意思表示內容之使者不同。

　　而代理人於代理權限內，以本人名義所為之意思表示始對本人發生效力❺。無代理權人以本人名義所為之意思表示，原則上依民法第 170 條第 1 項規定，非經本人承認，對本人不生效力。即便他方當事人亦為內容相呼應之意思表示，本人與他方仍不成立任何契約關係。例外之情形，例如符合民法第 169 條表見代理之情形時，無權代理人所為之意思表示亦對本人發生效力。所謂表見代理，是指由自己之行為表示以代理權授與他人，或知他人表示為其代理人而不違反對之表示者，對該他人以自己之名義所為之意思表示，對自己仍生效力。此是為了保護善意信賴代理權限外觀之第三人而設之規定。

　　所謂「由自己之行為表示以代理權授與他人」，是指實際上雖未有授與代理權，但經由本人之一些外在行為，使外界誤認為有代理權之存在之情形❻。例如將自己之身分證、印章及房屋所有權狀交給朋友保管，朋友卻擅自利用這些東西，以自己之名義將自己之房屋賣給他人，他人看到印章、身分證及所有權狀，誤信朋友是具有代理權之代理人，而與之成立買賣契約。至於什麼樣的情形下會被認定為「由自己之行為表示以代理權授與他人」，須視具體情形而定。

　　我國實務上曾就無權代理保證是否構成表見代理作成判例。在 70 年臺上字第 657 號判例中，上訴人（被告之一）甲曾將印章交付與另一共同被告乙保管。不料被告乙持該印章，以上訴人甲之名義與原告（被上訴人）成立連帶保證，並與原告分別成立四十六萬餘元及十二萬餘元之消費借貸契約，均未清償。原告因而請求上訴人負保證責任。法院則以為，乙無權代理甲與原告成立保證，且甲將印章交付乙保管之行為，尚未達「由自己之行為表示以代理權授與他人」之程度，不構成表見代理，甲無須負授權

---

❺　民法第 103 條第 1 項規定，代理人於代理權限內，以本人名義所為之意思表示，直接對本人發生效力。

❻　最高法院 60 年臺上字第 2130 號判例「由自己之行為表示以代理權授與他人者，對於第三人應負授權人之責任，必須本人有表見之事實，足使第三人信該他人有代理權之情形存在，始足當之」。

人責任。換言之，乙代理甲所為之保證，對甲不生效力，原告與甲間自無保證，甲當然不負保證責任。蓋我國人民將自己印章交付他人，委託該他人辦理特定事項者，比比皆是，倘持有印章之該他人，除受託辦理之特定事項外，其他以本人名義所為之任何法律行為，均須由本人負表見代理之授權人責任，未免過苛。

⊙ 貳、有無「對保」不影響保證之成立與否

在交易實務上，銀行與他人合意成立保證後，通常會進行「對保程序」以確定他人的確有成立保證之意思，以求慎重。然而，即便銀行未進行對保程序，亦不影響既已成立之保證之效力。所謂「對保」是指債權人為確定保證人真有成立保證之意思，而向保證人進一步核對保證契約內容的一種行為。當債權人確定保證人真有成立保證之意思後，始願意、放心地將錢借與債務人使用。例如甲欲向乙銀行借款一百萬元，乙銀行要求甲需提供一保證人以為擔保，始願意將錢借與甲使用。甲因急需用錢，與其父丙商量後，丙同意擔任保證人，並將其身分證及印章交給甲，授與代理權與甲，以丙之名義與乙成立保證。甲持丙之身分證及印章向乙證明丙的確有授與代理權與甲，並代理丙與乙成立保證後，乙為求慎重，以電話通知丙，詢問丙是否真的同意擔任保證人。該通知之行為，即所謂之對保。此外，銀行與保證人成立最高限額保證❼時，銀行亦常會進行「對保」的手續。例如乙銀行與丙成立最高限額五百萬元之保證，擔保甲將來對乙之借款返還債務之履行。爾後甲向乙借款時，乙銀行放款予甲之前，會先通知丙並要求丙在相關放款文件上簽名，以求慎重。

雖然銀行通常會進行對保之手續以求慎重，但不代表銀行未完成對保手續保證即不成立。契約是否成立端視當事人是否曾有相一致之意思表示，對保只是一種債權人為求慎重的自保行為，銀行未進行對保，對契約是否成立而言不生任何影響。最高法院46年臺上字第163號判例即謂「對保與否，並非保證契約之成立要件。上訴人不得以對保過遲，為免負保證責任

---

❼　關於最高限額保證之說明，可參閱本書第五章第六節「最高限額保證」。

之論據。」此外，最高法院 96 年臺上字第 2830 號判決亦謂「按對保與否，固非保證契約之成立要件，惟稱保證者，謂當事人約定一方於他方之債務人不履行債務時，由其代負履行責任之契約，民法第七百三十九條定有明文。而連帶保證為保證契約之一種，自應由雙方當事人就保證人願與主債務人負同一清償責任有意思之合致，始足成立。」足資參照。

第四節 │ 被擔保之主債務須存在

　　保證是一從契約，所擔保之主債務有效成立，保證始成立，已如前述。保證擔保之主債務，不以因契約而生者為限。基於事實行為或法律規定而生之債務，例如**侵權行為債務、不當得利返還債務、無因管理費用償還債務等**，均得為保證所擔保之主債務。又，某些情形下，債務人之債務雖然存在，但債權人請求權之行使受法律限制，例如消滅時效完成後之債務，學說稱此種債務為「自然債務」，性質上仍為法律上有效存在之債務。擔保此種債務之保證仍有效成立，保證人雖得依民法第 742 條對債權人主張抗辯，係屬二事。

　　然有疑者，得否以專屬性債務為主債務成立保證？**專屬性債務是指僅有債務人個人始得履行之債務，無法由其他人代為履行之債務**。例如歌手甲與乙公司成立委任契約，甲須在乙公司舉辦之募款活動上表演，乙則須給付報酬。甲之債務為「表演」，具有不可替代性，僅有甲自己始得履行債務。而為擔保甲將來履行債務，乙與保證人丙成立之保證是否有效？保證人固然不得代替歌手甲為表演，仍得於債務人不履行債務時，代負債務不履行責任。蓋債務不履行賠償義務為給付金錢，性質上非專屬性債務。且債務不履行損害賠償義務為原專屬性主給付義務之延伸，保證所擔保之債務從原本之專屬性債務轉為非專屬性債務。因此，擔保專屬性債務之保證，性質上並無不可成立。例如歌手甲事後未盡表演之義務，乙得主張甲給付

不能請求賠償五十萬元，亦得請求保證人代負該金錢賠償責任。

此外，成立保證時未有主債務存在，而是**擔保將來發生之債務**，該保證亦有效成立。主債務人與債權人間已存有基礎法律關係，但尚未現實發生債務，例如雙方成立經銷契約，約定債務人每月固定向債權人購買一定數量之加工車床。此時尚未有確定之債務（給付價金義務）發生，債權人仍得與保證人成立保證，擔保該經銷關係下，債務人之價金給付義務之履行。若某個月份債務人已向債權人訂購五臺加工車床，卻未按時交付價金，債權人即得依民法或契約規定向保證人請求代履行價金給付義務。又例如信用卡保證中，發卡銀行與保證人約定，保證人應就債務人將來積欠發卡銀行之信用卡債務，代負履行責任。雙方成立保證時，尚未有現實之信用卡債務存在，是以將來可能發生之債務為所擔保之主債務。

第五節 | 定型化保證條款之效力

▶ 壹、定型化契約條款

雙方當事人意思表示合致，原則上即受意思表示內容所拘束。惟當事人一方預先擬定用於同類契約之條款，即便經他方當事人同意，非當然生拘束雙方之效力。蓋定型化契約條款中，有違反法律強行規定者，依民法第 71 條規定，原則上即屬無效。例如定型化保證中有類如「保證人願拋棄民法債編保證一節中關於保證人之抗辯權及一切權利」之條款，應認為違反第 739 條之 1 之規定。保證人預先拋棄保證一節所規定之權利，依民法第 71 條規定，拋棄之約款應屬無效❽。惟民法第 746 條第 1 款為第 739 條之 1 之例外規定，保證人預先拋棄先訴抗辯權❾，並未違反第 739 條之 1

---

❽ 若定型化契約約款已被認定為違反法律強行規定而無效時，無必要再探討有無違反第 247 條之 1 之顯失公平之規定。

與第 71 條之規定。保證中若有保證人願拋棄一切權利之約款，其中關於保證人願拋棄先訴抗辯權之部分，並非當然無效。惟以定型化約款之方式拋棄先訴抗辯權，仍應進而探討有無違反第 247 條之 1，顯失公平而無效。

【檢討契約條款是否成立之步驟】
當事人有無合意
↓
是否牴觸法律強行規定
↓
有無違反第247條之1顯失公平之情形
▲圖 2-3

　　民法第 247 條之 1 規定，當事人一方預定用於同類契約之條款而訂定之契約，為免除或減輕預定契約條款之當事人之責任、為加重他方當事人之責任、使他方當事人拋棄權利或限制其行使權利，或於他方當事人有重大不利益者，且按其情形顯失公平者，該部分約定無效。當事人一方預先擬定之定型化保證條款，內容上若有第 247 條之 1 各款之情形時，即便已經雙方合意，法律上仍不構成契約之一部分，不生拘束當事人之效力。也就是說締約雙方對定型化契約中某些條款雖已達成合意，但可能因為該條款顯然對一方產生極大不利益而有不公平之情形，違反第 247 條之 1 的規定，例外地使當事人不受該條款所拘束。當事人可以主張該條款不構成契約之內容，而回歸民法或其他法律之規定。

　　以定型化契約方式成立之保證常見於社會。例如銀行預先擬定相同內容之保證書面契約，再分別交給保證人審閱後簽名，與各個保證人成立相同內容之保證，此即為一種定型化保證。透過定型化契約之方式，銀行可省卻每次重新與保證人磋商契約之成本，而保證人通常無磋商契約內容之能力，僅得選擇接受與否，可能發生對保證人不利益之結果。因此，民法第 247 條之 1 有特別規定，定型化契約條款若有顯失公平，該條款無效、自始不成立，不生拘束保證人之效力。

---

❾　關於保證人之先訴抗辯權，可參閱本書第三章第一節「貳、保證人之權利」。

⊙ 貳、拋棄先訴抗辯權條款之效力

定型化保證中有保證人預先拋棄先訴抗辯權之約款，應認為未違反第247條之1之規定。也就是說，在定型化契約中可以約定債務人不履行債務時，債權人可直接請求保證人代負履行責任，取得勝訴判決或其他執行名義後，直接執行保證人之財產。蓋在實務交易上，保證人預先拋棄先訴抗辯權之情形十分普遍，尤其是發生在金融機構與一般民眾所成立之保證，可認為拋棄先訴抗辯權已成為一種交易習慣❿。再者，保證人拋棄先訴抗辯權並未因而加重保證人之負擔。先訴抗辯權之權能，僅使保證人得向債權人抗辯應先就主債務人之財產強制執行，待執行未果始得向保證人請求履行保證責任。保證人拋棄先訴抗辯權，並未終局地加重其應負擔之保證責任，例如保證人原應負擔一百萬元保證責任，拋棄先訴抗辯權後，仍負擔一百萬元保證責任。因此，應認為以定型化約款使保證人預先拋棄先訴抗辯權，並未顯失公平，未有違反民法第247條之1之規定。

⊙ 參、保證人債權受償順序居次條款之效力

若定型化保證中有「債權居次」條款之約定時，該條款效力為何？所謂債權居次條款是指類如「保證人同意於主債務人依本合約所負之債務未全部清償前，其因一部代償而對主債務人所取得之求償權及代位權，次於貴行（債權人）對主債務人所持有之剩餘債權而受償」之條款⓫。例如甲向乙借款一百萬元，並委任丙在五十萬元範圍擔任甲之保證人，乙與丙成立五十萬元保證。今丙代主債務人甲清償五十萬元後，依民法第546條對甲取得求償權外，又依民法第749條承受乙對甲之五十萬債權⓬。這樣的

---

❿ 詹森林，〈信用卡定型化保證條款之效力㈠〉，《月旦法學雜誌》，第7期，1995年11月，頁28。

⓫ 陳秋華，〈試論民法債編修正對銀行定型化契約中「保證條款」之影響〉，《律師雜誌》10月號，第241期，1999年10月，頁63。

⓬ 關於保證人承受原債權的問題之更詳細說明，可參閱本書第三章第二節。

結果變成甲對乙負五十萬元債務，甲也對丙負五十萬元債務，將來乙、丙均可聲請強制執行甲的財產並從中受償。假設甲僅有八十萬元財產，乙、丙兩人的債權勢必無法獲得滿足。因此，若乙、丙雙方約定將來保證人因履行保證債務而取得對債務人之求償權及代位權之受償次序後於債權人對債務人之債權受償次序時，將來乙就可以主張優先於丙就甲之財產受償。

至於這種「債權居次」條款在法律上是否有效？從民法第 749 條但書規定「保證人承受原債權人之債權，其債權之行使不得有害於債權人之利益」之精神來看，約定將來債權人對債務人之債權優先於保證人對債務人之債權受清償，並未違反民法之精神，且基於私法自治之法理，債權居次條款原則上具有法律上效力。此外，該類條款亦未加重保證人之責任，亦未免除或減輕債權人之責任，亦未強使保證人拋棄法律上權利，只是使保證人受償順序後於債權人，何況保證人並不一定完全無法自債務人之財產獲得滿足，未對保證人生重大不利益。因此，債權居次條款應合於民法第 247 條之 1 規定，具有法律上效力，雙方當事人應受其拘束 **⓭**。

▶ 肆、被法院認定為無效之約款

為連續發生之債務保證之未定期間保證中，類如「保證人不得終止契約」之約款，如同使保證人預先拋棄民法第 754 條所賦予之終止權；此外，保證中類如「債權人允許主債務人延期清償時，保證人仍應負保證責任」之約款，如同使保證人預先拋棄民法第 755 條之抗辯權；而保證中類如「保證人接獲債權人之書面通知後應立即付款，不得主張任何抗辯」之約款，如同使保證人預先拋棄民法所賦予之權利；這些約款顯然是違反民法第 739 條之 1 之強行規定，依同法第 71 條規定，應屬無效。而在信用卡保證

⓭　亦有學者認為，若債權人與保證人事前經過合理磋商，且債權人並非以經濟上強勢迫使保證人同意該項條款時，該約定之內容尚未違反消費者保護法或民法有關定型化契約之規定。參見陳秋華，〈試論民法債編修正對銀行定型化契約中「保證條款」之影響〉，《律師雜誌》10 月號，第 241 期，1999 年 10 月，頁 63～64。

中，類如「保證人對超過額度使用之帳款仍應負保證之責」之約款應違反
民法第 247 條之 1 之規定而無效。蓋此類約款如同使發卡銀行原本要承擔
之風險（指持卡人超額使用信用卡之風險）轉嫁由無法控制該風險之保證
人承擔，顯然違反平等互惠原則 ❹，若有此類之定型化約款，雙方當事人
不受該約款之拘束。

---

❹ 相關之法院判決如：最高法院 87 年臺上字第 1535 號判決、臺北地方法院 84 年
　訴字第 1168 號判決。參見戴志傑，〈論消費者保護法之定型化契約——以保證
　契約為中心〉，《法律評論》，第 68 卷第 7～9 期合刊，2002 年 9 月，頁 48～50。

chapter **03**

保證下之權利
義務關係

　　探討保證法律關係時，須從三方法律關係加以觀察，包括主契約之債
務人與債權人間、保證之保證人與債權人間，以及保證人與主債務人間之
法律關係。主契約債務人與債權人間法律關係，並非因保證之成立而生，
亦非在保證效力之範圍內，本章未加以討論。保證人與債權人之法律關係，
以及保證人與主債務人之求償法律關係，是基於保證之成立直接或間接所
生，為本章保證效力所探討之範圍。

第一節 ｜ 保證人與債權人間之關係

▶ 壹、保證人之保證債務

一、保證人對債權人負保證責任

　　保證成立後，保證人僅對債權人負保證責任，不對契約以外之人負責，
為契約相對性原則。但是保證所擔保之債權移轉予他人時，保證債權亦隨
同移轉於該他人，該他人雖非當初締結保證契約之人，因嗣後取得保證債
權之故，保證人仍繼續對其負保證責任。民法第 295 條第 1 項本文規定，
讓與債權時該債權之擔保隨同移轉於受讓人。亦即債權人將債權轉讓他人
時，擔保該債權之保證債權亦隨同移轉，繼續擔保這個債權將來能獲滿足，
受讓取得債權之人同時取得保證債權。例如甲向乙借款一百萬元，乙、丙
成立保證以擔保甲之債務履行。基於契約相對性原則，原本丙僅對乙負履
行保證債務之責任，不對保證當事人以外之人負責。但是假設乙將一百萬
元借款債權以九十萬元賣予丁，並將債權移轉予丁，而將來甲未履行債務，
丁雖非原本之保證當事人，亦得請求保證人丙負保證責任。在丁受讓取得
債權時，同時取得這個債權上的保證債權。也就是說，債權之擔保在債權
移轉之後，仍然為新債權人（受讓債權之人）繼續存在。

　　保證債權隨同所擔保之債權移轉而移轉，但他人承擔主債務時 ❶，保

證人不再繼續為債權作擔保。也就是說，他人完全承擔債務人之債務，成為新債務人後，保證人不再繼續擔保這個債權的滿足。新債務人將來不履行債務，保證人無義務代其履行債務。這是因為保證人通常考量債務人個人事由而與債權人成立保證，若第三人承擔債務而保證人仍繼續為該第三人擔保，對保證人有所不公。基於這個理由，民法第 304 條第 2 項即規定，由第三人就債權所為之擔保，除該第三人對於債務之承擔已為承認外，因債務之承擔而消滅。例如甲向乙銀行借款一百萬元，乙銀行要求須有第三人作保，始願意將錢借予甲。甲之好友丙，認為以甲之財務狀況及經濟能力，不至於無能力返還借款及利息，因而同意與乙銀行成立保證。事後，乙同意由丁全部承擔甲之債務，丙拒絕承認丁之債務承擔。丁承擔甲債務之效力雖不因保證人丙拒絕承認而受影響，但依民法第 304 條第 2 項，丙保證人之保證債務即消滅，不隨同主債務之移轉而移轉。將來丁未返還借款，乙銀行不得請求保證人代負返還借款之責。也就是說，債權人同意由第三人承擔債務而原債務人因而脫離債務時，保證人就不再負保證責任，除非保證人有表示證願意為新債務人繼續作保，保證人才須要繼續負保證責任。

二、保證債務之特性

由於保證人的責任僅在代替主債務人履行主契約義務，學說上因而稱保證債務有以下之特性，以助於保證法律關係之理解：

(一)從屬性

保證債務在債務之成立上、債務範圍上及債之消滅上，均從屬於所擔保之主債務。亦即，主債務成立生效，保證債務始成立生效；保證債務之範圍從屬於主債務範圍，不得大於主債務；主債務消滅，保證債務亦隨同消滅。

保證債務之成立以主債務成立生效為要件，蓋保證是為擔保主契約之履行而存在，若主契約根本不成立，無主契約債務不履行之可能，保證亦

---

❶ 關於「債務承擔」更詳細的說明，可參閱本書第四章第一節「陸、主債務之承擔」。

無從擔保主契約之履行。故學說上稱保證為從契約。僅在民法第743條之例外情形，主契約雖不成立，保證仍繼續存在❷。此外，若主債務事後消滅，例如債務人已為清償，依民法第307條規定，保證債務亦隨同消滅，為消滅之從屬性。

保證債務之範圍亦從屬於主債務，蓋保證僅是代替債務人履行主契約義務，在邏輯上，保證人代負履行責任之範圍僅能小於或等於債務人應履行之責任範圍。故民法第741條規定，保證人之負擔，較主債務人為重者，應縮減至主債務之限度。也就是說，保證人所負之責任額度頂多與主債務人所負之責任額度相同，不得要求從債務人（保證人）負較主債務人多之責任。

(二)補充性

保證人僅在債務人不履行債務時，始代替債務人負履行責任，若主債務人有能力履行債務，債權人應先向主債務人請求履行，不得直接請求保證人代負履行之責，稱為保證債務之補充性。民法第745條即規定，保證人於債權人未就主債務人之財產強制執行而無效果前，對於債權人得拒絕清償。換言之，保證人僅在債務人之財產不足清償債務時，始須對債權人清償。

學說上稱民法第745條為保證人之「先訴抗辯權」，亦即債權人未先向債務人請求履行債務且強制執行其財產無效果前，即向保證人請求代履行債務時，保證人得拒絕負保證債務之權利。惟保證人事先拋棄先訴抗辯權時，當債務人不履行債務，債權人即得直接請求保證人代負履行責任，為保證債務補充性之例外❸。

(三)獨立性

保證債務雖然在成立、消滅及範圍上均從屬於主債務，保證與所擔保之主契約仍各自獨立之契約，保證並非主契約之一部分，保證債務是基於保證而生，非基於主契約而生。主契約之成立須債權人與債務人之意思表

---

❷　關於保證債務成立從屬性之詳細說明，得參閱本書第一章第二節「參、從契約」。

❸　關於先訴抗辯權更詳細之說明，可參閱本節貳「肆、保證人之先訴抗辯權」。

示合致，而保證之成立則須保證人與債權人雙方意思表示合致。債權人與債務人之意思表示合致，不足以使保證人負有保證債務；保證人與債權人成立保證意思表示合致，保證人始負有保證債務可言。

　　保證人與債權人成立保證之意思表示合致外，所擔保之主債務須為存在，保證債務始得成立。惟在概念上，此是保證債務之從屬性問題，與保證債務獨立性，為不同層次之概念，應加以區分。

三、保證債務與主債務之關係

㈠消滅時效之問題

　　主契約債權請求權之消滅時效完成後，債權人仍得請求債務人履行債務，但債務人得主張時效完成抗辯，拒絕履行債務。也就是說債權人在法律上的權利經過一段期間（法律規定的期間）不行使，債務人得拒絕對債權人履行債務，但是假若債務人自己不拒絕而仍履行債務，事後也不得再請求債權人返還自己所為之給付。而當主債權之消滅時效完成後，若債權人轉而向保證人請求代負清償責任，此時縱然保證債權之請求權時效（即債權人請求保證人代負履行責任之請求權時效）尚未完成，依據民法第742條第1項之規定，主債務人得主張時效抗辯者，保證人亦得對債權人主張時效抗辯。例如乙與保證人丙成立保證，擔保甲將按期給付某乙承攬報酬一百萬元。依民法第127條第7款規定，承攬報酬給付請求權於二年間不行使而消滅，若乙於承攬完成後二年間都未向甲請求支付承攬報酬，則二年過後，甲即得對乙主張時效抗辯，拒絕給付承攬報酬。設乙因向甲求償未果，轉而向保證人丙請求代負履行責任，此時丙則可依民法第742條第1項規定，以甲對乙之時效抗辯事由，對乙主張抗辯。應區別之情形為，若乙對丙之代負履行責任請求權本身之消滅時效已完成，則保證人無須透過上述規定即得主張自己之時效抗辯而拒負保證責任，固屬當然。

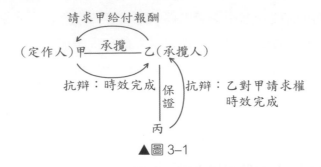

▲圖 3-1

　　而在時效完成前，主契約債權人向債務人請求履行，或有其他中斷消滅時效之行為，依同法第 747 條，中斷時效之效力亦及於保證人，債權人對保證人之代履行債務請求權之時效亦隨之中斷。民法第 747 條「其他中斷消滅時效之行為」，應是指民法第 129 條規定，包括承認、起訴，以及與起訴具有同一效力之行為。實務曾有判例限縮解釋❹，其他中斷消滅時效之行為僅指起訴及與起訴具有同一效力之行為；債務人向債權人承認，時效中斷之效力不及於保證人。實務認為，第 747 條是指債權人主動向債務人所為之中斷時效行為，效力始及於保證人。而承認是債務人向債權人所為之中斷消滅時效行為，非第 747 條所指之中斷時效行為。

　　至於債權人向保證人請求、起訴或為與起訴具有同一效力之行為，債權人對保證人之代履行債務請求權時效中斷。該時效中斷之效力未及於主契約之債權請求權。也就是說，主債權請求權的消滅時效中斷，保證債權請求權消滅時效也隨之中斷，但是保證債權請求權的消滅時效中斷，主債權請求權的消滅時效並未隨之中斷。

(二)債權消滅之問題

1.主債務消滅，保證債務隨同消滅

　　保證是擔保主契約履行之契約，債務之成立與消滅均從屬於主契約。民法第 307 條規定，債之關係消滅者，其債權之擔保及其他從屬之權利，亦同時消滅。因此，主契約債權因債務人為清償（民法第 309 條以下）、提存（民法第 326 條以下）而消滅，或者因債權人向債務人免除債務（民法

---

❹　最高法院 68 年臺上字第 1813 號判例。

第 343 條）而消滅，此時保證債務亦隨同消滅。

　　2.保證債務消滅，主債務不隨同消滅

　　若保證人履行保證債務，向債權人為清償、提存而使保證債務消滅，主契約債務並未隨同消滅，而是由保證人承受原債權人之地位。民法第 749 條規定，保證人向債權人為清償後，於其清償限度內，承受債權人對於主債務人之債權。也就是說，保證人代債務人履行債務後，保證人依法律規定取得原本債權人對債務人的債權，變成由保證人繼位成為新債權人，債務人對該新債權人仍負有履行債務的義務。例如甲向乙銀行借款一百萬元，乙與丙成立保證乙擔保該消費借貸契約之履行。事後乙強制執行甲之財產未果，向丙請求代負返還借款之責。丙清償一百萬元借款及利息予乙後，保證債務即消滅，惟主契約債務仍存續並不隨之消滅。依民法第 749 條規定，丙取得乙對甲之借款返還請求權，甲對丙負有返還借款及利息之債務，而丙仍得請求甲返還借款及利息。也就是說，主債務人甲仍然要負起最終的責任，不能因為保證人代為履行債務後就免去自己的責任。此外，若保證債務消滅的原因是因為債權人向保證人為免除保證債務之意思表示時，該免除之效力不及於主契約債務。也就是說，主債務人仍然負有履行債務之責任。

　　主契約債務因債務人以自己對債權人之債權主張抵銷而消滅時，擔保該主契約之保證隨同消滅。但保證人以自己對債權人之債權，主張抵銷保證債務時，保證債務消滅，主債務未消滅，依民法第 749 條規定由保證人承受主債權，已如前述。此外，有一個比較進階之概念要釐清的是，當保證人依民法第 742 條之 1，以主債務人對債權人之債權主張抵銷時，主債務因抵銷而消滅，保證債務隨同消滅。也就是說，保證人依該條規定有權替債務人主張抵銷❺。保證人依該條所用以抵銷之債權，是主債務人對債權人之主債權，而非保證人對債權人之債權，因此主張該條抵銷的結果，

---

❺　在法律上，原則上只有自己得決定是不是要用自己對債權人的債權抵銷自己的債務，而民法第 742 條之 1 是一種例外規定，賦予保證人代替債務人行使抵銷權的權利。

是主債務人之債務因抵銷而消滅，保證債務則隨同消滅。

　　主契約債務因混同（民法第 344 條）而消滅，例如主債務人繼承債權人之債權，保證債務當然隨同消滅。但保證債務因混同而消滅時，例如保證人繼承債權人之債權，主債務並不隨同消滅，此時主債務人繼續對保證人（繼承債權之人）負債務履行之責。此處有一個概念應該要加以釐清：若是保證人繼承主債務人對債權人之債務時，並未發生混同之效果。也就是說，保證人的保證債務以及主債務人的主債務都繼續存在，只是保證債務人跟主債務人都是同一人。因為債權債務同歸一人時，債權始因混同而消滅，若不同債務同歸一人承擔時，並未發生混同之問題。例如父親甲向乙銀行借款一百萬元，兒子丙與乙成立保證。甲死後，丙概括繼承甲之權利與義務，對乙銀行負有一百萬元借款返還債務。而原先丙與乙成立之保證仍繼續存在，並未有保證債務與債權同歸一人而生混同消滅之情形。此時，兒子丙同時為債務人及保證人，學說上有認為丙之保證債務原則上因混同而消滅，若保證債務之存續於債權人有法律上利益時，保證債務始例外存續❻。例如甲之遺產總額僅剩五十萬元，小於甲對乙之債務總額一百萬元，而繼承人丙主張限定繼承時，乙僅得就遺產總額範圍內請求返還五十萬元。此時，乙銀行即有主張保證債務存續之利益，蓋乙得請求丙代負履行責任，請求丙清償剩餘五十萬元之借款返還債務。本文則以為，此處並無混同之情形發生，丙之保證債務並未消滅。將來乙銀行仍得依借款返還請求權，或代返還借款請求權，請求丙返還借款。

---

❻　史尚寬，《債法各論（下）》，頁 865；鄭玉波，《民法債編各論（下）》，頁 835～836；劉春堂，〈論保證〉，《華信金融季刊》，第 14 期，2001 年 6 月，頁 81。

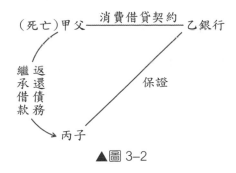

▲圖 3-2

㈢契約解除之問題

保證所擔保之主契約經解除後，效力是否及於保證之問題，要先解決契約解除之效力為何之問題。若認為契約經解除後，契約即告消滅，則該契約之擔保──保證，亦隨之消滅；反之，若認為契約經解除契約並未消滅，僅契約當事人之主給付義務轉換為民法第 259 條之互負返還給付義務，則保證仍繼續為擔保該契約而存在。

㈣限定繼承之問題

民法第 1148 條第 2 項規定，繼承人對於被繼承人之債務，以因繼承所得遺產為限，負清償責任。主債務人死亡後，其繼承人僅就所繼承遺產之範圍內，對債權人負清償之責。至於遺產範圍外之債務，在法律上仍存在，保證人原則上應繼續負保證責任。限定繼承僅為抗辯事由，非債之消滅原因，繼承人主張限定繼承之抗辯，僅就遺產範圍內負履行責任，未使遺產範圍外之債務消滅。例如甲向乙銀行借款一百萬元，丙與乙成立保證，擔保一百萬元債務之履行。甲死後留有八十萬元遺產及對乙之一百萬債務，乙對繼承人丁雖有一百萬元債權，丁得主張民法第 1148 條第 2 項之抗辯，僅於八十萬元範圍內負履行責任。而保證人丙得依民法第 742 條第 1 項規定，抗辯僅就八十萬元範圍內負保證責任。

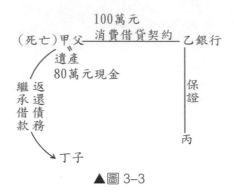

▲圖 3–3

　　若是保證人死亡，債權人僅得就保證人之遺產範圍內，請求其繼承人負保證責任。而主債務不受繼承人主張限定繼承影響，債權人仍得請求履行全部債務。

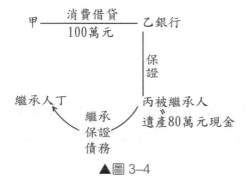

▲圖 3–4

㈤破產和解之問題

　　主契約債務人破產時，依破產法第 149 條規定，破產債權人依調協或破產程序已受清償者，其債權未能受清償之部分，請求權視為消滅。也就是說，進入破產程序後債權人之債權不能完全被清償，債權人就未獲清償之部分又向主債務人請求清償時，主債務人得主張破產法第 149 條之抗辯，拒絕清償剩餘之債務。此時債權人得否轉向保證人求償？答案是否定的，蓋民法第 742 條第 1 項規定，主債務人所有之抗辯，保證人得主張之。主債務人既然能主張破產法第 149 條之拒絕清償抗辯，保證人當然亦得拒絕清償。至於保證人破產時，債權人依破產程序不能受清償之部分，保證人

得主張破產法第 149 條之抗辯而拒絕清償。但該抗辯之效力不及於主債務人，債權人仍得請求主債務人就該不能受清償之部分，負清償之責。

若主債務人破產而與債權人達成破產法上之和解，效力亦不及於保證。蓋破產法第 37 條規定，和解不影響有擔保或有優先權之債權人之權利。債權人達成和解後，仍得請保證人履行全部或約定之債務。至於保證人破產而與債權人達成破產和解，效力亦不及於主契約債務。

㈥公司重整之問題

若主契約債務人為公開發行之股份有限公司，依公司法完成公司重整後，依公司法第 311 條第 1 項第 1 款規定，已申報或未申報之債權未受清償部分，除依重整計畫處理，移轉重整後之公司承受者外，其請求權消滅。主契約債務人依公司法完成公司重整而免責之部分，效力不及於保證。其法理如同前述破產法第 149 條之規定，主契約債務並非因而消滅，僅債權人不得請求主債務人履行債務，保證債務並未從屬性地消滅。

此外，公司法第 311 條第 2 項重規定，公司債權人對公司債務之保證人及其他共同債務人之權利，不因公司重整而受影響。換言之，債權人因債務人重整而對其請求權消滅之部分，仍得請求保證人代履行債務。我國實務上曾有相關判例。在最高法院 79 年臺上字第 1301 號判例中，訴外人（債務人）大德昌公司在重整前曾向上訴人（債權人）中國國際商業銀行與交通銀行借款，由被上訴人與上訴人成立保證，以為擔保。不料訴外人因無力償還借款向法院聲請重整，依重整計畫訴外人獲得債務減免之部分，被上訴人是否仍負保證責任，雙方有所爭執。

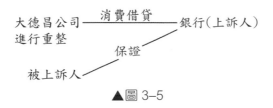

▲圖 3-5

原審法院認為，保證人無須就債務人因重整而獲債務減免之部分代負履行責任。其理由謂：公司法第 311 條第 2 項規定與破產法第 38 條之規定：

「債權人對於債務人之保證人及其他共同債務人所有之權利，不因和解而受影響」可謂同其意旨。破產法此項規定，是指「和解條件如為減免債務人一部債務，則因從債務不超過主債務之大原則，保證人當僅就未減免部分負其保證責任」，否則保證人所負之從債務，反超過主債務之範圍，自非事理之平；此外，若認為債權人仍得就債務人因重整而獲債務減免之部分，請求保證人代負履行之責，則保證人於就全部債務為清償後，勢必轉向債務人求償，其結果將使債務人在重整程序中經讓免之債務未獲讓免，有違公司重整之意旨，當非立法之本意。

最高法院則推翻原審法院之見解，認為保證人仍須就債務人因重整而獲債務減免之部分代負履行責任❼。其理由在於，公司法第311條第2項之立法目的，僅為使公司重整計畫較易於關係人會議中通過，令保證人繼續就原債務之全部負擔保之責，債權人會較容易同意重整計畫。況且保證人與債權人締約之初始，即自願於債務人無資力清償債務時代負履行之責。今債務人因財務困難進行重整，要求保證人依原約定負保證責任，並無不妥之處。

至於公開發行股份有限公司依公司法第16條為保證人，依公司法完成公司重整，依同法第311條第1項第1款規定，債權人對其請求權消滅時，債權人仍得對主債務請求履行債務。保證債務依公司法第311條規定而免

---

❼　參照最高法院79年臺上字第1301號判例要旨：「公司重整乃公開發行股票或公司債之股份有限公司因財務困難、暫停營業或有暫停營業之虞，依公司法所定公司重整程序清理債務，以維持公司之營業為目的，參加公司重整程序之債權應受重整計劃之限制，故具有強制和解之性質，債權人對於債務人債務之減免，非必出於任意為之，公司法第三百十一條第二項所以規定公司債權人對於公司債務之保證人之權利，不因公司重整而受影響，其立法意旨在使重整計劃於關係人會議中易獲可決。保證人原以擔保債務人債務之履行為目的，債務人陷於無資力致不能清償債務時，保證人之擔保功能更具作用，在公司重整之情形，公司財務已陷於困難，此項危險，與其由債權人負擔，毋寧由保證人負責。故債權人就因重整計劃而減免之部分，請求保證人代負履行責任，不因公司重整而受影響。」

責之效力，不及於主債務。

四、保證債務之內容與範圍

依民法第 739 條規定，保證人之主給付義務為代履行主債務人之債務，亦即主債務人不履行主契約債務時，由保證人代負履行責任。因此，保證人給付之內容為何，應視主契約之約定而定。若主債務人應給付金錢，則保證人將來應代為給付金錢；若主債務人應交付「物」，例如一公噸鋼筋，則保證人將來應代為給付鋼筋。

至於保證人應代履行債務之範圍，依保證當事人之約定。但基於保證之從屬性，民法第 741 條規定，保證人之負擔不得較主債務人為重。若約定保證人之負擔較主債務人為重，應縮減至主債務之限度。例如債務人應返還一百萬元本金及利息予債權人，債權人卻與保證人約定，債務人若未返還一百萬元，保證人應返還一百十萬元予債權人。將來保證人仍僅就一百萬元之範圍內，對債權人負返還責任。

若當事人未就保證債務範圍特別約定，保證債務範圍應包含主契約債務之全部，且依民法第 740 條規定，包含主債務之利息、違約金、損害賠償及其他從屬於主債務之負擔。主債務之利息是指債務人與債權人約定之利息，例如某甲向乙銀行貸款一百萬元，約定一年後應返還借款及年利率百分之五之利息。一年後甲未依約返還借款，乙銀行得向保證人請求給付一百萬元以及百分之五之利息；至於違約金亦視主契約當事人之約定而定。例如某甲向某乙承包房屋修繕工程，約定甲完工後一個月乙應支付十萬元報酬，若未支付，更應支付違約金二萬元。將來乙未依約支付報酬，甲得請求保證人丙支付十萬元報酬及違約金二萬元；損害賠償則是指債務人未履行主契約義務致使債權人遭受損失，應由債務人負擔之損害賠償責任。例如債務人未按時返還借款及約定利息，致債權人遭受遲延損害，債權人得依民法第 233 條第 1 項，請求依法定利率計算之遲延利息。保證人就債務人應負擔之遲延損害賠償責任，亦負保證責任；其他從屬於主債務之負擔，是指基於主債務所生，且應由債務人負擔之一切費用。

▶ 貳、保證人之權利

一、保證人之抗辯權

　　保證是擔保他人契約之履行之契約。因此，他契約之債務人得主張抗辯，拒絕履行契約時，保證人自無須再擔保債務人履行該契約。民法第 742 條第 1 項規定，主債務人所有之抗辯，保證人得主張之，即源此法理。

　　該項所指之「抗辯」是指主契約債務人用以對抗債權人之抗辯事由❽，而非保證人自己對債權人之抗辯事由。若保證人自己具有對抗債權人之抗辯事由，保證人得直接主張該抗辯事由，不需援引該條第 1 項之規定。例如主債務已為清償而消滅，債權人再請求履行債務，主債務人得主張清償抗辯。此情形下，保證債務亦隨主債務消滅而消滅，債權人再請求保證人履行保證債務，保證人得抗辯債權人對自己之保證債權已消滅，不需再援引第 742 條，主張債務人對債權人之抗辯事由對抗債權人；又例如主債務人甲主張債權人乙所出賣之貨物具有瑕疵，並依民法第 264 條同時履行抗辯，拒絕給付買賣價金。乙若轉而向保證人丙請求代負履行交付價金義務時，保證人不得直接主張同時履行抗辯而拒絕履行債務，僅得主張民法第 742 條，以債務人甲對乙之同時履行抗辯事由，對乙主張抗辯而拒絕給付。蓋保證為片務契約，債權人對保證人無給付義務，保證人丙無從主張同時履行抗辯。況且乙、丙間本不具買賣關係，丙更不得以貨物有瑕疵為由對乙主張同時履行抗辯而拒絕履行保證債務。雖然主張第 264 條跟第 742 條之抗辯，結果都是保證人得拒絕履行保證債務，但這兩個條文的適用情形不同，保證人應清楚正確地適用條文。

　　至於保證人得以主債務人對債權人之抗辯事由對抗債權人之情形有很

---

❽　這裡所說的「抗辯事由」，是指說債務人在法律上可以拒絕履行債務的原因。抗辯事由的類型很多，例如債權人過了法定期間仍未行使債權，在法律上債務人可以拒絕清償債務，這種拒絕履行債務的原因叫做「時效抗辯」；又例如債務人已經清償債務，債權人卻又要求債務人繼續履行債務，在法律上債務人亦可以拒絕債權人的請求，這種原因叫做「清償抗辯」。

多，在這裡舉一個例子說明：例如住債務人死亡且留下之遺產小於債務時，保證人得以繼承人（繼受債務成為主債務人）之限定繼承抗辯事由，對抗債權人。例如甲向乙銀行借款一百萬元，乙、丙間成立保證擔保全部借款之返還。甲死後留下遺產八十萬元以及對乙之債務一百萬元，甲之繼承人丁因而主張民法第 1148 條第 2 項之限定繼承抗辯，僅就八十萬元遺產範圍內負借款返還之責。此時債權人乙得否就未獲滿足之二十萬元，轉向保證人丙請求代負履行之責？這個問題的答案應該是否定的，蓋民法第 742 條規定，債務人（繼承人）所得主張之抗辯，保證人亦得主張之。繼承人既然得對債權人主張限定繼承之抗辯，保證人自得主張之。因此，債權人剩餘二十萬之債權，不得請求繼承人履行債務，亦不得請求保證人帶負履行責任。

此外，主債務人破產時，而破產債權人依調協或破產程序已受清償者，其債權未能受清償之部分，依破產法第 149 條規定，請求權視為消滅。故債權人又向債務人請求履行剩餘之債務時，債務人得向債權人主張抗辯。債權人若轉向保證人請求代負履行責任時，保證人自得以債務人依破產法第 149 條之抗辯事由對抗債權人而拒絕履行保證責任。

前述之限定繼承抗辯及破產法第 149 條之抗辯，僅為對債權人之權利行使之抗辯，債權人對債務人及保證人之債權仍然存在，僅不得行使矣。若債務人或保證人疏未主張該抗辯，仍對債權人為清償時，債權人仍有法律上權源保有該清償給付。債務人或債權人不得於事後請求債權人返還該給付。也就是說，在法律上可以主張這種抗辯事由的人，疏未主張抗辯而仍向債權人為給付（履行債務），不得事後再主張抗辯，而請求債權人將已受領的給付返還回來。

二、保證人之抵銷權

依民法第 334 條第 1 項本文規定，二人互負債務，而其給付種類相同，並均屆清償期者，各得以其債務，與他方之債務，互為抵銷。因此，保證人與債權人間若互負債務，保證人得以保證債務與債權人「對自己所負之債務」主張抵銷。

　　欲主張抵銷之人，原則上僅得以自己對債權人之債權主張抵銷，不得以他人對債權人之債權主張抵銷。例如甲欠乙一萬元，丙欠甲一萬元，當甲請求丙返還借款時，丙不得以乙對甲之一萬元債權，主張抵銷甲對自己之一萬元債權。此外，抵銷權之行使與否取決於債務人自己，債務人雖然另外對債權人取得債權，債務人亦得不行使抵銷權，選擇現實履行債務。而債務人以外之人，亦無權替債務人決定是否行使抵銷權。然而民法第742條之1是屬於一例外規定，該條規定，保證人得以主債務人對於債權人之債權，主張抵銷。例如甲欠乙貨款一萬元，丙與乙成立保證擔保甲將來按期給付價金。此外，乙另外欠甲二萬元借款未還。清償期屆滿後，乙向甲求償一萬元貨款不成，請求保證人丙代給付一萬元貨款時，丙得依民法第742條之1，以甲對乙之二萬元債權中之一萬元，主張抵銷乙對甲之一萬元價金給付請求權，主債務即因抵銷而消滅，丙之保證債務亦隨同消滅。

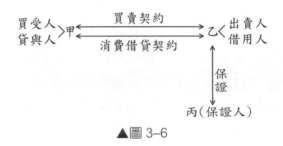

▲圖 3-6

　　民國88年民法修正時新增民法第742條之1，其立法目的是為避免保證人為清償後，向債務人求償之困難。若不允許保證人以債權人對債務人之債務主張抵銷保證債務，保證人代履行債務後，保證人須自行向債務人求償；若允許保證人以債務人之債權主張抵銷保證債務，保證人無須再向債務人求償。蓋保證人並非以自己之固有財產消滅保證債務，而是以債務人之財產（對債權人之債權）使保證債務消滅。

三、保證人之拒絕清償權

　　民法第744條規定，主債務人就其債之發生原因之法律行為有撤銷權者，保證人對於債權人，得拒絕清償。例如甲向乙購買一批貨物，價值一

百萬元，由丙與乙成立保證以擔保甲履行給付價金之義務。然而，甲是因乙故意提供不實之資訊致誤認貨物之品質，而與乙成立買賣契約，甲得依民法第92條第1項規定，撤銷受詐欺而為之意思表示。然而，在甲行使撤銷權前，甲、乙間之買賣契約仍然持續有效成立，甲仍負有給付價金之義務，而保證人丙仍負有保證責任。價金清償期屆滿後，債務人甲仍未行使撤銷權，也未履行價金給付義務，而債權人轉而向保證人求償時，保證人得依民法第744條規定，以債務人甲具有撤銷權為由，拒絕清償自己之保證債務。此時乙僅得請求債務人給付價金。當然，若甲行使撤銷權撤銷雙方間之買賣，債務人甲當然不負有給付價金之責。

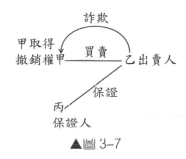

▲圖3-7

民法第744條係適用於債務人尚未行使撤銷權之情形。若債務人已行使撤銷權，主債務自始不成立，保證債務亦自始不存在，此係基於保證從契約之性質。此時保證人當然不負保證債務，無須援引民法第744條拒絕清償。

此外，應注意債務人之撤銷權除斥期間是否屆滿。蓋除斥期間屆滿後，撤銷權即消滅，債務人不再享有撤銷權，保證人自無從主張民法第744條之規定拒絕清償。例如民法第93條規定，因受詐欺為意思表示而取得之撤銷權，應於發現詐欺後一年內為之。自意思表示後經過十年亦不得撤銷。債務人甲主觀發現自己受乙詐欺後一年內均未表示撤銷意思表示，或者意思表示經過十年後均未為撤銷之意思表示，甲之撤銷權即消滅。

在所舉案例中，甲受詐欺且除斥期間屆滿後，固不得行使撤銷權，但仍得依民法第198條規定，拒絕履行債務。而保證人雖不得主張民法第744

條拒絕履行，仍得依民法第 742 條第 1 項，以債務人甲依第 198 條之抗辯事由，對債權人主張抗辯。

四、保證人之先訴抗辯權

民法第 745 條規定，保證人於債權人未就主債務人之財產強制執行而無效果前，對於債權人得拒絕清償。該條賦予保證人拒絕清償之權利，學說上稱為保證人之先訴抗辯權。保證是擔保主債務履行之契約，僅具有補充性，當債權人無法就債務人之財產受償時，保證人始需以自己財產代債務人清償債務。因此，債權人須先對債務人取得執行名義並向法院請求強制執行債務人之財產，且執行無效果時，始可避免保證人主張先訴抗辯權。該條所稱「強制執行而無效果」，包括債務人無財產供執行，抑或有財產但執行拍賣之結果無人應買，抑或有人應買但賣得價金仍不足完全清償債務。

保證人依第 745 條及第 746 條而享有先訴抗辯權，而債權人同時對保證人負有債務之情形下，債權人之抵銷權應受限制，避免實質上剝奪保證人之先訴抗辯權。例如債務人甲積欠乙銀行一百萬元，丙、乙成立保證契約。乙同時又積欠丙一百萬元。今主債務清償期屆滿而甲未為清償，甲名下之財產雖足以清償一百萬元債務，乙銀行為免取得執行名義之煩，直接以對保證人丙之一百萬元債務主張抵銷丙對乙之債務。若允許乙主張抵銷，如同乙未先依第 745 條對債務人取得執行名義並執行無效果，而直接要求丙以自己財產（對乙之一百萬元債權）代負履行責任，實質上剝奪丙之先訴抗辯權。

又債權人對債務人取得執行名義並聲請強制執行而無效果，請求保證人履行保證債務後，債務人又新取得足以清償全部或部分債權額度之財產，此時保證人可否再主張先訴抗辯權？例如債權人乙雖已對債務人甲取得執行名義，因債務人名下無財產可供執行，債權人轉向保證人丙求償。丙為清償前，甲因繼承而取得可觀數量之遺產，丙可否再主張先訴抗辯權，拒絕履行保證債務？先訴抗辯權性質上為延期性的抗辯，其行使僅能暫時的拒絕清償，並不能否認債權人之權利。一旦債權人就主債務人之財產經強制執行而無效果之情形，加以舉證證明後，保證人即不得再主張先訴抗辯

權❾。因此，丙不得再主張先訴抗辯權。

債權人違反民法第 745 條逕向保證人請求履行保證債務，法院不得直接判決債權人敗訴。蓋該條賦予保證人之權利僅一抗辯權，債權人對保證人之債權仍然存在。況且我國民事訴訟法採辯論主義，當事人未提出之攻擊防禦方法，法院不得援為判決基礎，保證人若疏未主張民法第 745 條之先訴抗辯權，法院仍應判決債權人勝訴，不得職權援引先訴抗辯權之規定判決債權人敗訴。

先訴抗辯權是基於保證之補充性而設之規定，為保證人之權利之一。民法第 739 條以下所賦予保證人之權利，原則上依同法第 739 條之 1，保證人均不得預先拋棄，唯一之例外規定為同法第 746 條第 1 款規定，保證人拋棄前條（第 745 條）之權利者，保證人不得主張前條之權利（先訴抗辯權）。因此，保證當事人特別約定保證人願拋棄先訴抗辯權，或排除民法第 745 條之適用時，債權人得逕向保證人請求履行保證債務。

除保證人拋棄先訴抗辯權致先訴抗辯權消滅外，民法第 746 條第 2 至 3 款更列舉兩種情形下，保證人不得主張先訴抗辯權，包括第 2 款規定，主債務人受破產宣告者；第 3 款規定，主債務人之財產不足清償其債務。第 2 款之情形，債務人破產即代表債務人現有財產不足以清償債務，此時債權人得逕向保證人求償；第 3 款之情形，債權人若能證明債務人之財產不足清償其債務時，無必要再要求債權人先取得對債務人之執行名義且執行無效果後，始得對保證人求償。該款稱「不足清償其債務」，包括債務人無財產可供執行，或債務人之財產不足以完全清償債務之情形。例如債務人甲積欠債權人乙一百萬元，名下雖有一棟價值二百五十萬元之房屋，但已設定抵押權予丁以擔保二百萬元債權。將來抵押權人丁得優先就該房屋受償，乙僅得就剩餘五十萬元受償。此時債務人甲之財產即不足以清償乙之債權，依第 746 條第 3 款規定，保證人不得主張先訴抗辯權。

五、基於一般債務人地位應有之權利

保證人依民法第 742 條享有之抗辯權是基於主債務人對債權人之抗辯

---

❾　劉春堂，前揭文，頁 86。

事由；依第 742 條之 1 之抵銷權是基於債務人對債權人之債權而主張抵銷保證債務；以及民法第 744 條之拒絕清償權是基於債務人享有之撤銷權。此外，保證人基於一般債務人地位所享有之權利，例如保證人自己基於保證契約所生之抗辯事由，亦得對債權人主張抗辯；保證人亦得以自己對債權人之債權主張抵銷保證債務；保證人自己享有撤銷保證之權利，當然亦得撤銷保證而拒絕履行保證債務。

六、保證人不得預先拋棄權利

　　民法第 739 條之 1 規定，本節所規定保證人之權利，除法律另有規定外，不得預先拋棄。所謂「預先拋棄」是指保證當事人約定，保證人不得主張保證人依本節規定所享有之權利，抑或當事人有排除適用第 742 條以下關於保證人權利之條文之約款。但是這種「約定」必須存在於保證人與債權人未發生保證效力之前的任何時點，始足以認為是「預先」拋棄權利的約定❿。而本節所規定保證人之權利，例如第 742 條之抗辯權、第 742 條之 1 之抵銷權、第 744 條之拒絕清償權等⓫。原則上民法所賦予保證人之權利，不得以契約預先約定將來保證人不得主張，僅在法律有例外允許之情形，始得為之。保證人的權利中，法律若沒有規定保證人得預先拋棄之，即不得使保證人預先拋棄，保證人自己亦不得預先拋棄。民法第 745 條之先訴抗辯權，即為保證人例外得預先拋棄之權利。民法第 746 條第 1 款規定，保證人拋棄前條之權利（先訴抗辯權）者，不得主張前條之權利。換句話說，立法者認為保證人可以拋棄先訴抗辯權。

　　民法賦予之權利，權利人原則上得自由拋棄權利，自己決定是否享有

❿　朱柏松，〈論保證人預先拋棄權利之效力——評最高法院九十二年台上字第一三六八號判決〉，《月旦法學雜誌》第 125 期，2005 年 10 月，頁 208。

⓫　有學說將保證人之權利分成保證人對債權人的權利，與保證人對主債務人之權利。前者包括第 742 條之一般抗辯權、第 745 條之先訴抗辯權、第 751 至 755 條之免除保證責任抗辯權、第 742 條之 2 之抵銷權、第 744 條之拒絕清償權、第 753 條之催告權與第 754 條之終止權；後者包括第 749 條之代位權與第 750 條之除去保證責任請求權。參閱詹森林，〈民法第七百三十九條之一實務問題〉，《月旦法學雜誌》，第 59 期，2000 年 4 月，頁 18～19。

該權利。然而在現實個人經濟地位差距之情形下，契約一方為了提高契約成立之可能性，因而拋棄自己在民法上所享有之權利，使得經濟地位高者越高，低者越低的結果。民法第 739 條之 1 是立法者為保護保證人所設之例外規定，使保證人不得預先拋棄權利。何況保證是無償片務契約，保證人僅單純負有給付義務，若連民法所賦予之保證人權利都不得主張，對保證人未免過苛。為避免保證人因處於經濟地位弱勢一方而預先拋棄權利，特設民法第 739 條之 1 規定，禁止保證人預先拋棄權利。

第二節 | 保證人與主債務人間之關係

⊙ 壹、保證人之求償權

保證人以自己財產為債務人清償債務後，得請求主債務人於清償範圍內對自己償還之權利，為保證人之求償權，使主債務人負起最終之責任。保證人之求償權並未明文規定於民法保證節中，是透過法理解釋，適用其他民法之規定而來。保證人之求償權依據，隨著保證人與主債務人間有無委任契約關係存在而有不同，若有，則保證人得依民法第 546 條規定向債務人求償；若無，則保證人應依民法第 176 條規定向保證人求償。雖然結論均為保證人得向債務人求償，但請求之依據不同，若保證人起訴請求債務人償還，保證人應向法院表達正確之請求權依據，否則將得敗訴之結果。

若保證人為債務人清償債務，是基於與債務人間之委任契約，則保證人得依民法第 546 條第 1 項規定，請求債務人償還必要費用及利息。例如某甲向乙銀行借款一百萬元，另委託某丙於甲無資力償還借款時，由丙代為清償債務。丙則與乙成立保證契約。事後甲果真無力償還債務，乙轉向請求丙代履行債務。丙代甲清償借款債務，是為處理委任事務，而代甲返還之一百萬元，是為處理委任事務所出之必要費用，受任人丙自得依民法

第 546 條，請求甲返還該一百萬元及利息。性質上，為保證人求償權之法律依據。

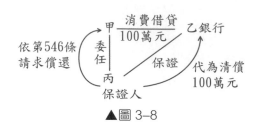

▲圖 3-8

　　然而在一保證三方關係中，債務人與保證人並非當然存有契約關係，債務人與保證人間是否有成立契約，亦非保證之成立生效要件。在債務人與保證人無契約關係情形下，保證人為債務人清償債務，構成民法第 172 條以下之無因管理，且得以同法第 176 條作為求償權之依據。無因管理是指未受委任並無義務，而為他人管理事務。保證人基於保證而對債權人負有代負履行主債務之契約上義務，非對債務人有契約上義務為其清償債務。保證人未受委任無義務，為債務人代負履行清償責任，當然構成無因管理，且就管理事務之承擔而言，保證人代債務人（本人）清償債務是有利於債務人（本人），未違反本人明知或可推知意思，為適法之無因管理。民法第 176 條規定，管理事務，利於本人，並不違反本人明示或可得推知之意思者，管理人為本人支出必要或有益之費用，或負擔債務，或受損害時，得請求本人償還其費用及自支出時起之利息，或清償其所負擔之債務，或賠償其損害。為適法無因管理人對本人之債權請求權，保證人為債務人清償債務（管理事務）所支出之必要費用，得請求債務人償還。例如保證人為債務人償還一百萬元債務，保證人得請求債務人償還一百萬元及自支出時的利息。

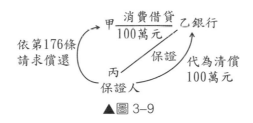

▲圖 3-9

▶ 貳、保證人承受債權

保證人為清償後除對債務人取得求償權外，更承受原債權人對債務人之債權，依法律規定而繼受取得債權。民法第 749 條規定，保證人向債權人為清償後，於其清償之限度內，承受債權人對於主債務人之債權。學說上稱為保證人之代位承受權。保證人為債務人清償債務時，保證所擔保之債之關係並未因清償而消滅，民法第 749 條特別規定其效果，為保證人繼受取得債權人對債務人之債權。也就是說，保證人代債務人履行債務後，依第 749 條規定取得原債權人的債權，成為新債權人，債務人繼續對該新債權人負債務履行之責任。而且保證人尚得依民法第 546 條或第 176 條規定，向債務人行使求償權。保證人得選擇行使求償權或繼受取得之債權，直至自己代替債務人履行債務所花費之費用受到滿足為止。

雖然保證人只行使求償權就可以達到受補償的目的，但法律上為了強化對保證人利益的保護，降低保證人之求償權無法獲得滿足之風險，特別使保證人承受原債權人之債權，原本債權上之擔保亦隨同移轉。也就是說，保證人承受原債權，同時也取得這個債權上面的擔保，而保證人的求償權是一個新生的權利，一個沒有其他擔保的債權。

保證人承受原債權後，原債權之擔保亦隨同移轉。其道理在於，保證人依第 749 條規定繼受取得債權人之債權，效果應與依法律行為讓與債權相同，適用民法第 295 條之規定，保證人繼受取得之債權之擔保及其他從屬性權利，除與原債權人有不可分離之關係者外，均隨同移轉於保證人❷。

---

❷ 參照最高法院 95 年臺上字第 352 號判決之判決要旨「保證人向債權人為清償後，於其清償之限度內，承受債權人對於主債務人之債權。但不得有害於債權

所謂「債權之擔保」是指擔保該債權之抵押權、質權、留置權等，或者擔保該債權之保證。例如甲向乙銀行借款一百萬元，設定 A 房屋抵押權予乙銀行。將來保證人丙代甲清償一百萬元及利息債務，丙即承受乙對甲之借款返還請求權，以及擔保該債權之抵押權。丙得向法院聲請裁定許可拍賣 A 屋，就 A 屋拍賣所得價金受償。而所謂「從屬性權利」，例如原債權之利息請求權、違約金給付請求權等。

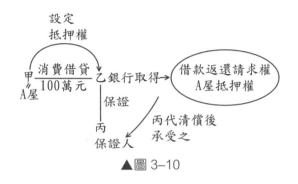

▲圖 3–10

　　但是保證人承受原債權後，依民法第 749 條但書規定，保證人承受原債權人之債權，其行使不得有害於債權人的利益。例如甲向乙借款一百萬元，並委任丙擔任甲之保證人，丁為甲設定 A 屋抵押權給乙。今丙代主債務人甲清償五十萬元，丙對甲得依民法第 546 條求償外，又依民法第 749 條承受乙對甲之五十萬元債權以及依民法第 295 條承受 A 屋抵押權。這樣的結果將變成同一 A 屋上存有兩個抵押權：既存之乙的抵押權以及後來丙取得的抵押權，為解決抵押權行使的爭議，民法第 749 條但書規定，保證人承受原債權人之債權，其行使不得有害於債權人的利益。也就是說，保證人丙的 A 屋抵押權順位次於原債權人乙，將來拍賣 A 屋所得優先清償乙的債權，丙僅能就剩餘之部分受償。

　　保證人依法繼受取得原債權，僅取得權利，並未概括承受原債權人對

人之利益，民法第七百四十九條定有明文，故保證人向債權人為清償或其他消滅債務之行為後，既承受債權人對於主債務人之債權，即已取代債權人之地位，自得於清償之限度內，行使原債權人之權利。除得向主債務人行使求償權外，尚代位取得債權人對主債務人之債權及該債權之擔保與其他之從屬權利。」

債務人之權利義務關係，原債權人對債務人尚未履行之對待給付義務，不因保證人承受原債權人之債權而轉由保證人承受之。也就是說，保證人代主債務人履行債務且承受原債權後，原債權人仍應繼續履行對待給付義務，而保證人不負該對待給付義務[13]。例如甲向乙軟體設計公司購買一批電腦軟體商品，價值一百萬元，約定甲給付價金後，乙始有交付商品之義務。此外，乙另與丙成立保證，擔保甲履行價金給付義務。爾後，該電腦軟體有更新版本上市，甲因而無履約意願，清償期屆滿後，甲拒絕給付價金，乙因而向保證人丙求償。保證人丙代為清償後雖然承受乙對甲之價金債權，但並未承受乙對甲之交付電腦軟體義務。將來甲給付價金後，仍然僅得向乙請求交付電腦軟體，不得向保證人丙請求履行債權人之對待給付義務。

此外，這邊要討論一個比較進階的問題，亦即：保證人繼受取得債權及該債權之擔保與從屬性權利外，亦繼受原債權之瑕疵。這是從民法第299條第1項規定而來。該項規定，債務人於受通知時，所得對抗讓與人（債權人）之事由，皆得以之對抗受讓人（保證人）。例如甲向乙購買一批貨物價值一百萬元，甲以該貨物有瑕疵為由，依民法第364條規定請求乙另行交付無瑕疵之物，且主張在乙交付無瑕疵之物前，依同法第264條規定，拒絕給付價金。乙轉向丙請求履行保證債務，保證人丙疏未主張民法第742條之抗辯權，亦未主張同法第745條之先訴抗辯權而向乙清償債務，丙即取得乙對甲之價金交付請求權。將來丙向甲請求交付買賣價金，甲仍得向丙主張同時履行抗辯。

---

[13] 參照最高法院73年臺上字第1573號判例要旨「當事人之一方將其因契約所生之權利義務，概括的讓與第三人承受者，係屬契約承擔，與單純的債權讓與不同，非經他方之承認，對他方不生效力。」

▲圖 3-11

　　甲向丙主張同時履行抗辯，主張乙另行交付無瑕疵之物前拒絕給付價金時，丙無法請求乙另行交付無瑕疵之物予甲，實際上無從行使乙對甲之價金交付請求權，將對丙有不利。因此，保證人清償後，可否請求債權人交付其應對債務人所為之對待給付，即產生疑問。有採肯定見解者認為，保證人依第 749 條承受債權，包括該債權之擔保及從權利，當然亦包括債權人對債務人之同時履行抗辯權。而債權人對債務人之對待給付，可作為保證人向債務人主張同時履行抗辯之依據，屬於原債權之從權利之一種，應隨債權一併移轉於保證人❶。本文則以為該說之推論似乎無法得出保證人得請求債權人向債務人為對待給付之結論。蓋債權人對債務人之同時履行抗辯權固然隨同移轉予保證人，惟此處之「債權人對債務人之同時履行抗辯權」，是指債務人請求債權人交付無瑕疵之物時，債權人得主張債務人尚未交付價金而拒絕履行之權利，與本問題係債務人主張同時履行抗辯之情形不同。關於保證人得否請求債權人向債務人為對待給付之問題宜採否定之見解，蓋法未有明文賦予保證人該權利。此外，保證人依民法第 546 條或第 176 條，仍得向債務人求償，不至於發生保證人求償無門之情形❶。

❶　劉春堂，前揭文，頁 94。

❶　保證人對債務人依民法第 546 條或第 176 條行使求償權時，債務人即不得以債權人未為對待給付為由，對保證人主張同時履行抗辯。蓋保證人之求償權並非承受自債權人對債務人之原債權，債務人自不得以原債權之同時履行抗辯事由，對保證人之求償權主張同時履行抗辯。

⏵ 參、保證人之保證責任除去請求權

　　民法第 750 條第 1 項規定，保證人受主債務人之委任而為保證者，有下列各款情形之一時，得向主債務人請求除去其保證責任：一、主債務人之財產顯形減少者。二、保證契約成立後，主債務人之住所、營業所或居所有變更，致向其請求清償發生困難者。三、主債務人履行債務遲延者。四、債權人依確定判決得令保證人清償者。

　　所謂「請求除去其保證責任」，並非請求債務人直接免除保證之契約債務，債務人亦無權利免除保證債務。蓋債務人非保證當事人，亦非保證人之債權人，當然不得免除保證人之債務。請求除去保證責任，是指請求債務人為一定行為，以間接地消滅保證債務。例如請求債務人清償債務以使主債務消滅，間接地使保證債務消滅；或者請求債務人提供其他擔保（抵押權或另覓保證人）予債權人，使債權人願意免除原保證債務。債務人提供新的擔保，債權人並無義務免除保證債務，僅有提升債權人免除保證債務之意願，概念應予以釐清。

　　於符合第 750 條第 1 項之要件時，保證人得請求債務人免除其保證責任，而請求債務人清償主債務為方法之一。然而主債務清償期屆滿前，債務人無清償債務之義務，若允許保證人請求債務人於期前清償以免除自己之保證債務，權利保障上有所失衡。因此，同條第 2 項規定主債務未屆清償期者，主債務人得提出相當擔保於保證人，以代保證責任之除去。所謂「提出相當擔保」，是指債務人設定擔保物權，或者另行尋找第三人與保證人成立保證，以擔保將來保證人對債務人之求償權。例如第三人丁與保證人丙成立保證，擔保將來債務人甲未履行債務而丙代為履行後取得對甲之求償權，此時債務人即履行除去保證責任之債務。

▶ 壹、物上保證人

　　物上保證人，例如為債務人設定抵押權之人。例如甲向乙銀行借款，第三人丙以其所有之 A 屋，為債務人甲設定抵押權予乙。將來甲未履行借款返還債務，乙得實行 A 屋抵押權，就拍賣 A 屋所得價金優先受償。丙即為物上保證人。保證人與物上保證人均是以自己之財產擔保他人債務之履行，僅保證人是以一般財產為擔保，而物上保證人是以特定財產為擔保。將來乙實行抵押權，就拍賣丙所有之 A 屋所得之價金受償，如同丙以自己財產代債務人甲清償債務。依民法第 879 條第 1 項規定，丙於其清償之限度內，承受債權人對於債務人之債權。此項規定與民法第 749 條保證人承受原債權之規定相似。

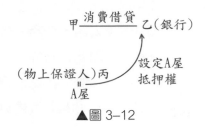

▲圖 3–12

▶ 貳、一債權同時存有人的擔保與物的擔保

　　若同時有保證人與物上保證人擔保同一債務之履行，債務人不履行債務時，債權人得選擇向保證人請求代負全部或一部履行責任，亦得選擇實行抵押權，就抵押物拍賣所得之價金受償。蓋債權人既然已取得保證債權及擔保物權，得自由行使權利，法律上並無限制債權人應先行使擔保物權，

或應先請求保證人代負履行責任。例如甲向乙銀行借款五百萬元，丙與乙成立保證擔保五百萬元借款返還債務之履行；丁則提供市價六百萬元之 A 屋設定抵押權予乙銀行。將來甲未履行借款返還債務，乙銀行得選擇向丙請求履行全部或一部之保證責任，或選擇實行 A 屋抵押權清償其全部或一部之債權。保證人或物上保證人亦不得主張僅就自己應分擔之範圍內負責。也就是說，當債權人選擇向保證人請求代為清償全部債務時，保證人就要代為清償全部債務；或者當債權人行使抵押權時，債權人得就拍賣抵押物之所得，在自己對主債務人之債權額範圍內取償。

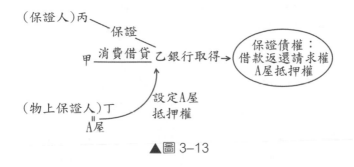

▲圖 3-13

⊙ 參、保證人與物上保證人平等原則——向主債務人求償不能的風險分擔

一債權同時存有人的保證與物的保證時，保證人代負履行責任後，或者債權人實行擔保物權後，保證人或物上保證人得向主債務人求償。而向主債務人求償不能之風險，應依一定比例，由保證人及物上保證人分別承擔，允許保證人及物上保證人內部互相求償。例如甲向乙銀行借款一百萬元，丙擔任保證人，丁則以其所有之 A 屋（市值五百萬元）設定抵押權予乙。甲破產後，乙選擇行使抵押權，就拍賣所得中之一百萬元受償。丁實際上無法向甲求償之風險，應由丙、丁共同承擔。蓋保證人丙與物上保證人丁擔保同一債權，自應共同承擔求償不能之風險。

此次民法修正新增訂之第 879 條第 2 項即規定,債務人如有保證人時，保證人應分擔之部分，依保證人應負之履行責任與抵押物之價值或限定之

金額比例定之。抵押物之擔保債權額少於抵押物之價值者,應以該債權額為準。同條第 3 項規定,前項情形,抵押人就超過其分擔額之範圍,得請求保證人償還其應分擔部分。在上述案例中,保證人丙與抵押人丁各應分擔五十萬元擔保責任。乙行使抵押權後,丁得依民法第 879 條第 3 項規定,請求丙償還五十萬元,由丙自行向主債務人甲求償該五十萬元❶。

若乙選擇向丙請求履行全部保證責任,保證人丙代為清償後,除得向債務人甲行使求償權外,依民法第 749 條規定承受乙之抵押權,丙得聲請拍賣丁之 A 屋。但是解釋上,丙得就 A 屋賣得價金受償之額度,應扣除將來要依民法第 879 條第 3 項返還給抵押人之部分,否則將造成丁又向丙求償之循環求償情形。蓋抵押人得依第 879 條第 3 項規定請求保證人償還其應分擔部分,若允許保證人丙實行一百萬元抵押權,如同使抵押人丁承擔超過五十萬元之應分擔額。將來抵押人丁再依該項規定向保證人請求償還五十萬元,徒增麻煩。惟現行法下並未如此限制保證人之抵押權之實施,保證人承受原債權後仍得依法行使全部抵押權至自己對債務人之債權滿足為止,也就是說丙得實行一百萬元抵押權,將來再依民法第 879 條第 3 項返還五十萬元與丁。

⊙ 肆、保證人與物上保證人非連帶債務人

一債權同時存有保證與物上保證而主債務人不履行債務時,債權人得選擇向保證人請求代履行債務,或行使擔保物權;保證人與物上保證人又可彼此互相求償應分擔額,與連帶債務關係相似。惟保證人與物上保證人間並非連帶債務人,亦非不真正連帶債務人,蓋債權人對物上保證人並無

---

❶ 民法第 879 條第 2 項增訂前,關於物上保證人及保證人責任分配的學說爭議,可參閱羅子武、謝憲杰,〈保證、抵押權與連帶債務之實務探討〉,《營建知訊》,第 254 期,2004 年 3 月,頁 58～60;李彥文,〈關於保證人、物上保證人及擔保物第三取得人清償代位之研究〉,《台灣本土法學雜誌》,第 30 期,2002 年 1 月,頁 42～48。相關之法院判決彙整可參閱蔡明誠,〈物上擔保與保證之責任優先問題──最高法院八十八年度台上字第一三七六號判決及相關判決評釋〉,《台灣本土法學雜誌》,第 16 期,2000 年 11 月,頁 73～81。

債務履行請求權，物上保證人亦無對債權人負有債務，當然未與保證人負同一債務，無成立連帶債務之可能。債權人行使擔保物權，並非行使對抵押人之債權請求權，概念上應予以釐清。

⊙ 伍、雙重保證之問題

若一人為擔保同一債權而同時為保證人及物上保證人，學說上稱為雙重保證人 ❶。例如甲向乙銀行借款六百萬元，丙與丁為共同保證人。此外，丙另以其所有之 A 屋（市值七百萬元）設定抵押權予乙。將來乙得行使抵押權外，亦得請求丙履行保證債務。雙重保證之情形在民國 96 年民法物權編修正前將產生疑問：如何計算保證人與物上保證人之應分擔額？負雙重保證責任之人之應分擔額，應以一人計算或以二人計算之問題。

有學說認為，為確立一既符合公平性，又簡單明瞭之準則，應以保證人人數計算各保證人應分擔之責任額 ❶。因此，具有雙重保證身分之丙與共同保證人丁平均分擔六百萬元保證責任，亦即丙分擔三百萬元，丁分擔三百萬元。然而民國 96 年民法修正後，新增訂之民法第 879 條第 2 項已明文規定，保證人與物上保證人之應分擔額，依保證人應負之履行責任與抵押物之價值或限定之金額比例定之。抵押物之擔保債權額少於抵押物之價值者，應以該債權額為準。因此，本文以為應先計算物上保證人與保證人各應負擔之責任額，再計算保證人內部應分擔之責任額，非直接以保證人及物上保證人之人數計算。在該案例中，物上保證人丙應分擔三百萬元責任，共同保證人丙、丁應共同分擔三百萬元責任。又，共同保證人丙、丁依民法第 280 條規定，應平均分擔一百五十萬元責任 ❶。因此，具有雙重保證身分之丙應分擔四百五十萬元責任，丁僅負擔一百五十萬元責任。

---

❶ 陳洸岳，〈「雙重保證」與「共同抵押」〉，《月旦法學雜誌》，第 60 期，2000 年 5 月，頁 18。

❶ 陳洸岳，同前註，頁 18。

❶ 依民法第 748 條規定，共同保證人負連帶責任，適用民法第 272 條以下之規定。

chapter 04

保證之消滅

第一節 | 消滅之原因

　　保證本身為一契約，適用民法債編總論第 307 條以下關於債之消滅事由之規定，包括：保證人自己清償保證債務，或向清償地法院為提存，亦或者以債權人對自己之債務主張抵銷保證債務，亦或者債權人向保證人免除保證債務，亦或者保證債權與債務同歸一人，因混同而使保證消滅。此為保證法律關係之一般消滅事由。此外，保證是一從契約，在契約之成立及消滅上均從屬於所擔保之主契約。主契約若消滅，例如因上述一般債之消滅事由而消滅，保證亦隨之消滅。

　　保證法律關係除有上述一般消滅事由外，尚有法律特別規定的消滅事由，例如債權人拋棄擔保物權、定期保證逾期而不請求、未定期間保證經催告而不請求、連續債務保證之終止、主債務延期之允許、主債務之承擔、當事人死亡。

⊙ 壹、債權人拋棄擔保物權

　　債權之擔保可分為物上擔保及人的擔保。物上擔保是指使債權人取得擔保物權，例如設定抵押權、質權或留置權予債權人，將來債權人得聲請強制執行抵押物、質物或留置物，且對拍賣所得價金，有優先受償之權利。但擔保物權人僅得就拍賣抵押物或質物之所得主張優先受償，若拍賣所得價金不足以完全滿足債權，不得就債務人之其他財產主張優先受償。而人的擔保是指債務人以外之人以自己之一般財產擔保債權之滿足，例如第三人與債權人成立保證，將來債務人不履行債務，得就保證人之財產強制執行；惟債權人對強制執行結果，無優先受償權，須與其他聲明參與分配之債權人按債權比例受償。若債權人之債權仍未滿足，得以同一執行名義，就保證人之其他財產強制執行至債權滿足為止。

　　同一債權可能同時存有物上擔保與人的擔保，二者在成立及效力上，原則互相獨立不相影響。例如債務人設定 A 屋抵押權予債權人，因方式之欠缺而不成立，擔保該債權之保證不受影響。債權人拋棄已取得之擔保物權，拋棄之效力原則上亦不影響保證之成立或效力。蓋物上擔保與保證各為獨立之法律行為，彼此亦不具從屬關係。惟民法第 751 條有特別規定，債權人拋棄為其債權擔保之物權者，保證人就債權人所拋棄權利之限度內，免其責任。例如債務人設定 A 屋抵押權予債權人乙銀行，擔保五百萬元借款債務之履行。此外，乙另與丙成立保證，擔保甲對乙之五百萬元債務之履行。今債權人拋棄 A 屋抵押權，債權人除不得對 A 屋主張優先受償外，依民法第 751 條規定，亦不得對已依法律規定免去保證責任之保證人請求代履行債務。也就是說，一個債權同時存有人保及物保時，債權人雖然只有拋棄物保之意思，人保仍然在拋棄物保之範圍內消滅，債權人不得於該範圍內再請求保證人負保證責任。

　　至於第 751 條所指之「拋棄」為其債權擔保之物權，是指物權人（債權人）以意思表示不再享有該物權之法律行為。原則上物權人得僅以意思表示拋棄擔保物權，但該擔保物權是不動產物權時，尚須完成拋棄物權登記，在法律上才發生拋棄的效力。蓋不動產物權不僅因物權人為拋棄之意思表示而發生消滅之效力，依民法第 758 條第 1 項規定，不動產物權依法律行為而喪失，非經登記，不生效力。此外，民法第 764 條第 1 項規定，物權，除法律另有規定外，因「拋棄」而消滅。對第 758 條及第 764 條體系解釋，於拋棄不動產物權之情形時，所指之「拋棄」應指物權人拋棄物權之意思表示並完成拋棄登記之行為而言。而民法第 751 條與第 764 條之「拋棄」，亦應作相同之解釋，當不動產物權人完成拋棄登記後，保證人始得主張免責。因此，債權人僅口頭上表示願意拋棄抵押權，甚至作成書面紀錄，仍然不發生拋棄抵押權的效力，保證人仍應繼續負保證責任，不得主張民法第 751 條而免責。

　　而交易實務上有時發生債權人要求「更換擔保品」的情形，亦應被解釋為是債權人拋棄既存之擔保物權，保證人得在拋棄之範圍內減免保證責

任❶。我國最高法院 44 年臺上字第 659 號判例「不論更換之擔保物價值若干，均是對既存擔保物權之拋棄，保證人應就債權人所拋棄權利之限度內，免其責任。」在這個判例中，上訴人（債權人）向公平貿易行訂購玻璃墊布三千碼，總價金新臺幣六萬元，預付貨款四萬八千元，由被上訴人為連帶保證人（擔保債務人給付買賣標的物）並拋棄先訴抗辯權，並經公平貿易行提供 AUTO-LITE 電瓶八十個，設定擔保物權。事後上訴人未經被上訴人同意，將該電瓶全部返還於公平貿易行，改以一百五十加侖之油漆與煞車來另為擔保物。法院認為上訴人的行為如同拋棄擔保物權，保證人應就債權人所拋棄權利之限度內，免其責任。因此，當債權人更換擔保品時，即有民法第 751 條之適用。但是解釋上只有動產的擔保物權才有更換擔保品的問題，蓋不動產擔保物權的拋棄未辦理登記不生效力，不會有更換擔保品就發生拋棄的效果，在適用上應注意。

　　若同一債權上有二以上擔保物權，而債權人僅拋棄其中一部擔保物權時，保證人得否主張第 751 條而免責，則有疑義。自第 751 條之保護保證人之立法目的，保證人代履行債務後原可依第 749 條承受擔保原債權之物權，因債權人拋棄消滅，而無法承受該擔保物權，對保證人不利，故設有第 751 條之規定。若債權人僅拋棄其中一部擔保物權，尚留有其他擔保物權，將來保證人履行保證債務後，仍得承受餘存之擔保物權，可就餘存之擔保物權標的物取償而獲滿足時，似無適用第 751 條使保證人免責之必要；也就是說，債權人拋棄擔保物權的結果會害及保證人之求償債權之滿足時，才有第 751 條之適用。例如債務人設定 A 屋及 B 屋抵押權以擔保五百萬元債權。A 屋市價二百五十萬元，B 屋市價二百萬元。假設債權人均未拋棄抵押權，將來保證人履行保證債務，承受 A 屋及 B 屋抵押權，得就 A 屋 B 屋執行結果優先受償，亦即保證人得優先受償四百五十萬元。若債權人拋棄 A 屋抵押權，將來保證人僅得承受 B 屋抵押權，僅得於 B 屋市價二百萬元範圍內優先受償，債權人拋棄物權之行為對保證人產生不利，保證人

---

❶　陳秋華，〈試論民法債編修正對銀行定型化契約中「保證條款」之影響〉，《律師雜誌》10 月號，第 241 期，1999 年 10 月，頁 62。

應可主張第 751 條，在拋棄抵押權之範圍內，主張免責二百五十萬元。假設該案例中，A 屋及 B 屋市價均為五百萬元，債權人拋棄 A 屋抵押權，保證人仍得承受 B 屋抵押權，將來 B 屋拍得五百萬元，保證人仍得全部優先受償。因此，債權人拋棄 A 屋抵押權之行為，對保證人並無不利益，保證人無主張受第 751 條保護之必要。

保證人主張免責之範圍，依民法第 751 條規定，是就債權人所拋棄權利之限度內免其責任。例如債權人乙有以 A 物（市價十萬元）為標的之質權，以及以 B 物（市價五萬元）為標的之質權，擔保對債務人甲之十五萬元債權。若債權人拋棄 A 質權，保證人得主張在十萬元範圍內免責，僅負五萬元保證責任。同理，若債權人拋棄 B 質權，保證人得主張僅負十萬元保證責任。

⊙ 貳、定期保證逾期而不請求

民法第 752 條規定，約定保證人僅於一定期間內為保證者，如債權人於其期間內，對於保證人不為審判上之請求，保證人免其責任。所謂定期保證，是指當事人有約定保證債務之存續期間，例如雙方約定，債權人應於主債務履行期屆滿後一個月內向保證人請求代履行債務。在約定之存續期間屆滿前債權人均未向保證人為審判上之請求，保證即告消滅，保證人之義務及債權人之保證債權均消滅。此與保證債務履行請求權時效完成後，保證債權仍存在，僅保證人得主張抗辯之效果不同。

所謂「為審判上之請求」，是指向法院提起訴訟請求保證人履行保證債務，或其他與起訴具有同一效力之行為，例如民法第 129 條第 2 項所列舉之行為，包括：對保證人依督促程序，聲請發支付命令；對保證人聲請調解或提付仲裁；申報和解債權或破產債權；對保證人告知訴訟；開始執行行為或聲請強制執行。

⊙ 參、未定期間保證經催告而不請求

未定期間保證之保證人免責事由規定於民法第 753 條。該條第 1 項規

定，保證未定期間者，保證人於主債務清償期屆滿後，得定一個月以上之相當期限，催告債權人於其期限內，向主債務人為審判上之請求。同條第2項規定，債權人不於前項期限內向主債務人為審判上之請求者，保證人免其責任。因此，未定期間保證之保證人欲主張免責，須主債務清償期已屆滿，並已向債權人催告於一定期限內向保證人為審判上請求，且該一定期限至少須有一個月以上之期間，而債權人仍未為審判上請求時，始得為之。

民法第752條與第753條之立法目的均在保護保證人之權益，避免保證人陷於「不確定債權人是否欲請求保證人代履行債務」之狀態，而設有保證人免責之規定。然而，未定期間之保證所擔保之債務又無約定清償期，將無法適用第753條之規定，蓋該條適用於主債務清償期已屆滿之情形。未定清償期之債務，依民法第315條規定，債權人得隨時請求清償。換言之，不定期債務一經債權人請求，其清償期即屆滿。惟債權人若不請求清償，主債務仍為一不定期債務，清償期仍未屆滿，擔保該債務之未定期保證人將陷於不確定之狀態。本文認為，既然第753條之目的在於保護保證人免於陷入不安狀態，主債務未定清償期之未定期間保證中，保證人得類推適用該條，定一個月以上之相當期限，催告債權人於其期限內，向主債務人為審判上之請求。不於該期限內向主債務人為審判上之請求者，保證人免其責任。

⊙ 肆、連續債務保證之終止

未定存續期間之保證中，保證人得依民法第753條主張免責外，若擔保連續發生之債務，亦得主張民法第754條第1項規定免責。該項規定，就連續發生之債務為保證而未定有期間者，保證人得隨時通知債權人終止保證契約。所謂連續發生之債務，是指在一段期間內，基於一定基礎而陸續發生之債務，例如經銷關係下，經銷商每月向供貨商購買一定數量貨物而陸續發生之價金給付義務；又例如店家向屋主承租店面，約定每月應給付五十萬元租金，而陸續發生之租金給付債務。擔保此種陸續發生之債務

之保證，又未定有保證債務存續期間之情形下，如同保證人須擔保陸續發生、又無範圍限制之債務，將陷於長期不確定之不安狀態。為保障保證人之權益，特設此項規定，使保證人有任意終止契約之權利。

保證人依第 754 條第 1 項規定為終止契約之意思表示後，保證契約即告終止，保證人僅就發生於契約終止前之債務負保證責任，契約終止後始生之債務，自不負保證責任。然而終止契約之行為雖為一單獨行為，仍應類推適用民法第 116 條第 2 項規定，向契約相對人為終止契約之意思表示，且依民法第 94 條及第 95 條規定，該終止意思表示於相對人了解時，或意思表示通知到達相對人時，始生效力，而保證契約始生終止之效果。同條第 2 項即重申規定，前項情形，保證人對於通知到達債權人後所發生主債務人之債務，不負保證責任。從該項反面解釋，保證人終止契約之意思表示通知未到達債權人前，對於主債務人已發生之債務，負保證責任。此是因終止契約之意思表示通知到達債權人前，尚未生終止契約之效力，保證人自應就已發生之債務負保證責任。

例如，甲與乙成立經銷契約，甲每月固定向乙購買至少一百萬元之貨物，且丙與乙成立保證，擔保甲對乙全部價金給付義務之履行。今甲積欠 1 月份及 2 月份之買賣價金，丙決定依民法第 754 條終止保證，於 3 月 30 日發出終止契約意思表示，於 4 月 3 日到達債權人乙。惟，甲 3 月份之價金給付債務履行期於 3 月 31 日屆滿，且尚未履行，保證人仍應就保證終止前發生之債務，負保證責任。將來債權人強制執行債務人之財產無效果，仍得請求保證人代為給付 1 月份至 3 月份之買賣價金。

⊙ 伍、主債務延期之允許

民法第 755 條規定，就定有期限之債務為保證者，如債權人允許主債務人延期清償時，保證人除對於其延期已為同意外，不負保證責任。所謂定有期限之債務，是指定有清償期之債務。期限過後之債務，債務人的清償能力如何，非保證人所得確知，實有必要給與保證人重新評估債務人清償能力之機會❷。何況清償期之延後並非保證人所能控制，若強令保證人

繼續擔保清償期延長之後的債務人清償能力，對保證人有所不公。

　　而原本未定期清償期限之債務，依民法第 315 條規定，債權人得隨時請求清償。經債權人請求後，債務清償期即屆滿，若債權人又允許主債務人延期清償，是否仍有第 755 條之適用？本文以為，債務清償期已屆滿，債權人既同意債務人延期清償，事後債務人不履行債務，不應由保證人繼續負擔保責任。不論該債務自始即定有清償期，抑或原未定清償期而經債權人請求後清償期屆滿，又事後同意債務人延期清償，均有適用。

　　若保證人對於延期已為同意時，就要繼續負保證責任。這裡的同意必須是在債權人允許延長主債務人之清償期限後作成的，才有法律上效力。保證人在事前表示之同意，如同是保證人預先拋棄第 755 條所賦予之權利，違反第 739 條之 1 之規定，該同意應不具有法律上效果，不能認為保證人已依第 755 條「同意」延期清償債務。

▶ 陸、主債務之承擔

　　債務承擔是指原債務人之債務，轉由第三人承擔，轉由第三人單獨對債權人負債務履行責任（免責之債務承擔），或者由第三人與原債務人共同對債權人負連帶責任（併存之債務承擔）。債務承擔是契約行為，由債權人與第三人成立債務承擔契約，或由債務人與第三人成立之。前者之契約成立要件規定於民法第 300 條，第三人與債權人訂立契約承擔債務人之債務者，其債務於契約成立時，移轉於該第三人；後者之契約成立要件規定於第 301 條，第三人與債務人訂立契約承擔其債務者，非經債權人承認，對於債權人不生效力。

　　在免責之債務承擔之情形，第三人承擔債務後，依民法第 304 條第 1 項規定，從屬於債權之權利，不因債務之承擔而妨礙其存在。例如原債務人設定房屋抵押權予債權人以擔保債務，第三人承擔債務後，該抵押權仍為擔保該債務而繼續存在。惟若是債務人以外之人所提供之擔保，依同條

---

❷　朱柏松，〈論保證人預先拋棄權利之效力——評最高法院九十二年度臺上字第一三六八號判決〉，《月旦法學雜誌》，第 125 期，2005 年 10 月，頁 212。

第 2 項規定，除其對於債務之承擔已為承認外，該擔保因債務之承擔而消滅。例如保證債務。該項例外規定之目的在於保護提供擔保之第三人。蓋第三人考量債務人之清償能力而供擔保，今債務由他人承擔後，債務人之清償能力已有變更，非當初第三人供擔保時所得預料。例如保證人丙熟知其友人甲之財務狀況，願就甲之債務作保。不料第三人丁承擔甲之債務，丁有多次信用不良紀錄，且名下沒有什麼值錢的財產。若強令丙繼續為丁作保，有所不公。因此，丙得拒絕承認丁承受債務，依民法第 304 條免除保證責任。此處丙「拒絕承認丁承受債務」，並不影響丁承擔債務之效力，甲仍脫離原債之關係而轉由丁承受原債務，僅產生免除保證債務之效力，應予釐清。

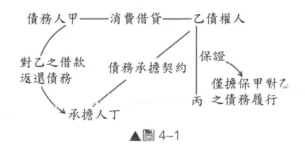

▲圖 4-1

至於併存之債務承擔，於體系解釋上不適用第 304 條之規定。蓋併存之債務承擔規定於民法第 305 條及第 306 條，而免責之債務承擔規定於第 300 條至第 304 條，第 304 條是免責債務承擔之法律效果規定。就法理而言，併存之債務承擔亦不適用之，蓋併存之債務承擔中，原債務人並未因而脫離債之關係，未超出當初第三人供擔保之預料。且併存之債務承擔，第三人加入債之關係，與原債務人共同負連帶責任，主債務人的清償能力相較為高，對供擔保之第三人並無更不利益。

▶ 柒、當事人死亡

債權人死亡後，若其債權不具一身專屬之性質，該債權並未消滅，由其繼承人繼承該債權，而債務人仍有義務向繼承人履行其債務。若係債務

人死亡，且其債務不具一身專屬之性質❸，該債務亦未因而消滅，由其繼承人繼承該債務，繼承人應繼續向債權人履行債務。但債務人之繼承人並非當然負有履行全部債務之義務，我國民法第 1148 條修正後，改採法定限定繼承主義，繼承人僅就繼承遺產所得範圍內，負清償責任。而超過繼承所得範圍之債務，在法律上並未消滅，只是繼承人得主張自己無清償義務之抗辯，概念上應先予釐清。以下分別就主債務人及保證人死亡時之兩種情形下，原法律關係之變動加以說明。

一、債務人死亡，由繼承人繼承債務

主債務人死亡時，若主債務之性質非有專屬性，則主債並不因而消滅，由繼承人繼承該債務，對債權人繼續負履行責任。民法第 1148 條第 1 項規定，繼承人自繼承開始時，除本法另有規定外，承受被繼承人財產上之一切權利、義務。但權利、義務專屬於被繼承人本身者，不在此限。例如甲向乙銀行借款一百萬元，由丙擔任保證人。甲死亡後，繼承人丁繼承甲對乙之借款返還債務，丙繼續負保證責任。若保證人死亡，由其繼承人繼承保證債務，保證債務並不因而消滅。

二、僅就繼承所得之範圍內負責

債務人死後雖由繼承人繼承債務，但繼承人僅於因繼承所得遺產範圍內，對債權人負責。民法第 1148 條第 2 項規定，繼承人對於被繼承人之債務，以因繼承所得遺產為限，負清償責任。例如甲向乙銀行借款一百萬元，由丙擔任保證人。甲死後僅留下八十萬元遺產，則甲之繼承人得主張民法第 1148 條第 2 項之規定，抗辯其僅對乙銀行負八十萬元之借款返還責任。至於保證人得依民法第 742 條第 1 項之規定，對乙銀行主張抗辯，僅就八

---

❸ 臺灣臺北地方法院 87 年重訴字第 1347 號判決謂：「又所謂一身專屬義務，乃指不能移轉於繼承人之債務，例如：1.債務之履行，與被繼承人之人格、知識相結合者（委託監護人、遺產管理人、遺囑執行人，或藝術家、著作家之作為義務）；2.以被繼承人與第三人之特別信任關係為前提之債務（給付一定勞務之債務）；3.以被繼承人有一定親屬關係為基礎之債務（監護、扶養）等，於其性質上，類皆不能為繼承之標的。」

十萬元之範圍內負保證責任。

上例中若為保證人丙死亡，僅留下六十萬元遺產，則丙之繼承人得主張民法第 1148 條第 2 項之抗辯，僅就六十萬元之範圍內負保證責任，而非主張民法第 742 條第 1 項之問題。

⊙ 捌、董、監事離職

一、董、監事為公司作保之實務運作

銀行放款前會先向借款人辦理徵信，以評估是否放款以及放款之額度。惟公司之財務報表通常有時間落差，未能充分表現公司經營狀況及財務體質，以及鑑價不易，資產價格缺乏客觀標準，亦或是因時間或經濟因素對資產價值貶增的變動影響。加之企業負責人實拿公司資產向銀行融資，但資金運用完全掌控在企業負責人手上，致實務上漸次發展出董監事連帶保證以取得授信，並降低銀行放款風險。截至 98 年 8 月底止的未結案件，企業金融授信總額度為十三兆五千億餘元，總件數五十八萬餘筆。其中徵提連帶保證額度六兆一千億餘元，約佔四十五％，件數五十萬餘筆（約佔八十五％）。同時，在企業金融授信之企業董監事因職務需要而擔任企業連帶保證人近達五成，佔企業放款比重約四十五％，已發生應承擔連帶保證債務之初估數約一千九百餘億元❹。

二、董、監事離職後之法律關係

若董監事為公司作保，離職後，是否仍應繼續負保證責任？例如 99 年 6 月 1 日甲公司與乙銀行成立總授信契約，甲公司之董事 A、B、C 與乙於同日成立最高限額保證契約，約定 A、B、C 三人在五千萬元範圍內，擔保甲公司基於該授信契約而對乙銀行所負之各筆債款返還義務之履行，並拋棄先訴抗辯權。99 年 8 月 15 日甲公司改選董事，A、B、C 三人當日解任董事一職。同年 10 月 15 日，甲公司向乙銀行借款二千萬元，清償期屆滿

---

❹ 立法院司法及法制委員會台立司字第 0994300162 號函，審查本院委員賴士葆等三十人擬具「民法增訂第七百五十三條之一及第七百五十三條之二條文草案」案審查報告。

後甲公司未返還借款，A、B、C是否應負保證責任？

　　這個問題的答案依個別情形決定：假若保證雙方係以保證人之董監事身分而成立保證，而非僅以保證人之個人身分為保證，則卸任董監事後，保證人不再繼續負保證責任。此有最高法院 77 年臺上字第 367 號判決:「上訴人倘係以董監事之身分充任連帶保證人，則衡諸誠實信用原則及兩造訂立保證契約之真意，似亦以上訴人仍擔任董監事期間內，百〇公司向被上訴人借用款項所負之債務，始負其保證責任。否則，如上訴人已卸任董監事，而百〇公司又另改選董監事，並重新出具保證書於被上訴人，則此後所借之款項，倘已卸任董監事之上訴人猶須負保證責任，則似失由董監事擔任連帶保證人之真諦，且無異使原任董監事之人終生負無限保證責任。」可資參照。

　　至於保證雙方是否因保證人之董監事身分而成立保證，應從客觀事證探求當事人締約時之真意。按解釋當事人之契約，應以當事人立約當時之真意為準，而真意何在，又應以過去事實及其他一切證據資料為斷定之標準，不能拘泥文字致失真意，最高法院 39 年臺上字第 1053 號判例可資參照。以下為相關之法院判決：

㈠董監事改選後，新訂保證契約之保證人為新任之董監事

　　若銀行與公司之董監事成立保證，於公司董監事改選後，與新任之董監事成立保證，可能被法院認定為雙方係因保證人之董監事身分成立保證。此有最高法院 79 年臺上字第 1808 號判決:「查: ㈠眾〇公司七十二年一月二十八日借款八百萬元保證書上所列保證人……均為當時之董、監事，有股東名冊可稽。公司向銀行借款均以該公司董、監事為連帶保證人，為上訴人所不爭。同年八月及十月間，該公司改選董、監事後，上訴人又與新任董、監事訂立保證書……。上訴人謂同一年間，與眾〇公司新舊董、監事分別訂立不同金額之保證書，係因眾〇公司提高借款金額而追加。果係如此，則修改原訂保證書較另訂追加保證書方便且經濟。況二張保證書除詹〇煥、詹林〇雲、洪〇欽三人相同外，餘均不同，後者保證人且較前者多一人，可知新保證書之訂立，非單純為借款金額之提高，實係因董、監

事改選而為。新保證書之保證人及保證金額，既較舊保證書所載者為多，且保證人均為該公司新任董、監事，顯然係因董、監事身分而擔任該公司之保證人。從而在新董、監事為該公司保證債務後，舊董、監事所為保證之效力，應歸於消滅……」等語可資參照。

(二)其他保證人之身分

若董監事改選後，銀行另行簽訂新的保證契約，而從新、舊保證契約之保證人身分觀察，並非所有之保證人於締約時具有董監事身分，此時容易被法院認定為保證之成立不重視保證人之董監事身分。此有最高法院 95 年度臺上字第 1517 號判決：「上訴人於八十三年一月三十一日簽立系爭保證契約時，依公司登記事項卡記載：派基公司之董事長為吳○國、董事王○正、董事甲○○、監察人丁○傑、股東洪○雲、股東譚○家、股東林○雲。當時之監察人丁○傑、股東譚○家、林○雲並未同時任派基公司之連帶保證人，則上訴人抗辯其係派基公司董事身分而訂立系爭保證書，難認為真實。另參酌王○盛、吳○國、朱○帆、林○雲於八十九年十一月二十二日簽訂五十萬元保證書時，依公司登記事項卡記載：派基公司董事長為王○盛、董事陳○展、董事楊○德、董事唐○超、董事朱○帆、董事蘇○和、董事吳○國、監察人趙○華，亦均非派基公司之董、監事即任連帶保證人。益證本件相關保證人簽立保證書，並非係基於派基公司、監事或股東身分，而係以其私人身分為派基公司擔任連帶保證人。」可資參照。

(三)銀行之內部作業手冊

若銀行（債權人）有內部作業手冊，可證明銀行未完全著重保證人之董監事身分，而以保證人個人資力為成立保證之主要依據時，法院較容易認定保證契約不重視保證人之董監事身分，從而保證人卸任董監事職務後仍應負保證責任。此有臺灣高等法院 90 年度重上字第 133 號判決：「……經查：依上訴人業務手冊『授信業務篇』『伍、授信業務一般規定』第十七條但書規定：『對公司之授信，應爭取其全部董（理）監事，以私人身份擔任連帶保證人。如無法爭取全體董（理）監事以私人身份連帶保證時，則應爭取其董（理）監事同意或授權借款之會議記錄，保證之徵取應以具代

位清償債務能力者為原則，而非徒具形式之要件』；……故授信對象若為股份有限公司，應注意其董監事之任期及其人員是否有變動，倘有變動時，除應重新檢討借保人資力以謀對策外，宜徵求新董監事以私人身分所為之保證書。……足見上訴人於徵取連帶保證人時，係以具代位清償債務能力者為考量標準，即使董監事擔任連帶保證人，亦係以私人身分擔任連帶保證人，而非以其是否為公司之董監事為絕對考量標準。」等語可資參照。

㈣債權人對保證人個人徵信

若銀行對保證人個人辦理徵信，法院較可能認為雙方當事人非因保證人之董監事身分而成立保證。臺灣高等法院臺南分院 96 年度重上字第 35 號民事判決：「被上訴人於貸與系爭借款時，亦對保證人林○之資產為相當程度之徵信後，始同意由其擔任永○公司之連帶保證人，足見被上訴人對於連帶保證人乃著重其具代償能力、殷實可靠，為考量之標準。……再者，於民間公司向銀行借款之情形，所擔任連帶保證人者多為公司之董監事，一方面係因公司之董監事與公司關係較密切，公司營運狀況與其自身息息相關，應較願意擔任此單務契約之債務人，另方面係因能擔任公司之董監事者，其多有相當之資力，銀行為確保債權，亦多同意由其擔任連帶保證人，此為社會之常態事實，是如以連帶保證人具董事之資格，即認保證債務具有身分專屬之特性，而不得為繼承之標的，則銀行業者如何願意與以董監事為連帶保證人之公司成立消費借貸契約？一般民間公司如何覓得與其無任何關係復有相當資力之人擔任連帶保證人？佐以系爭保證書第 1 條亦約定：『保證人無任何資格之限制。』（見一審卷第 182 頁），是系爭保證非屬一身專屬性質，縱保證人林○死亡，其繼承人即上訴人仍應繼承其保證債務。」可資參照。

㈤債權人與保證人合意終止保證契約

若保證人解任董事向債權人聲明退保，而債權人與新任董事簽訂新保證契約，且嗣後銀行與公司之授信借貸相關文件均未列原保證人為保證人時，法院認為原保證人無庸再負保證責任。此有最高法院 96 年度臺上字第 1603 號判決：「查上訴人於轉讓七天公司股權予李○美，並辦妥股權轉讓

登記及變更登記李○美為董事，經李○美於八十年八月六日代表七天公司簽訂約定書，並與李○美、李○美出具約定書。嗣七天公司於八十一年四月八日變更登記為高○公司，上訴人於八十二年二月間向被上訴人聲明退保，被上訴人乃要求李○美等五人於同年三月二十七日簽訂保證書而負連帶保證之責任，為兩造所不爭。證人李○美證稱被上訴人知其為高○公司之實際出資者，亦實際執行公司業務，故要求其要重新作保，七天公司之其他股東包括上訴人則不用作保等語（見二審重上字卷第五四頁）。又自八十二年三月以後，被上訴人就系爭借款案之授信往來文件未列上訴人為保證人……原審就此未詳加推闡明晰，遽認上訴人之上開抗辯為不足採，進而為上訴人不利之判斷，尚嫌率斷。」可資判斷。

三、民法第 753 條之 1：「因擔任法人董事、監察人或其他有代表權之人而為該法人擔任保證人者，僅就任職期間法人所生之債務負保證責任。」於 99 年 5 月 26 日總統公布施行

從第 753 條之 1 的文義來看，董、監事離職後，其保證責任消滅。但如此放寬適用第 753 條之 1 之結果，董監事將很容易地藉由故意離職來規避保證責任。

此外，假若保證契約之成立，除因保證人具有董、監事之身分外，尚以個人之資力為考量因素，這時候是否仍有第 753 條之 1 之適用？例如銀行在成立保證之前，向董監事作個人徵信，認為董監事個人有相當資力，又可掌控公司財產之運用，而同意放款予公司，將來董、監事離職後，保證人可否主張民法第 753 條之 1，保證責任已消滅？若答案為肯定，對銀行會不會有不公平之情形？

這些問題民法第 753 條之 1 之立法理由未有進一步說明，仍待未來法院判決為補充。

第二節 │ 消滅之效果

　　假若保證債務是因保證人代債務人履行主債務而消滅，或者是以自己對債權人之債權主張抵銷保證債權，保證人得向債務人在代為清償的範圍內求償。此外，保證人雖代替債務人履行債務，債務人的債務並未因此而消滅，繼續對取得原債權之保證人負履行債務之責。在這種保證債務消滅的情形，變成主債務人繼續對保證人負履行主契約之責。

　　若保證債務是因債權人拋棄擔保物權，依民法第 751 條之規定而消滅時，或因債權人逾期而不請求或經催告而不請求保證人負保證責任，依民法第 752 條及第 753 條之規定而消滅時，或者因債權人允許主債務人延期清償，依民法第 755 條規定而消滅時，保證人即不再負保證責任。此時債權人僅得請求主債務人履行債務，並自行承擔債務人無資力履行債務或故意不履行債務的風險。因此，債權人應注意自己拋棄擔保物權、逾期不請求履行保證債務或允許主債務人延期清償之行為，將使保證債務消滅而失去債權之擔保。此外，擔保連續發生債務之未定期間保證之保證人依民法第 754 條規定終止保證契約時，自終止契約時起發生之債務，保證人不再繼續負保證責任，債權人須自行承擔主債務人不履行債務之風險。但是保證人仍應該就終止契約前已發生之債務負保證責任。以此種保證作為債權擔保之債權人，應注意將來保證人隨時終止保證契約之可能。

　　若保證債務是因為民法第 304 條第 2 項之情形而消滅，保證人即不再負保證責任，債權人須自行承擔新債務人不履行債務之風險。因此，債權人在同意第三人承擔債務前，應先考慮將來保證人不承認第三人承擔債務而免去保證責任之可能。

chapter 05

特殊保證

了解一般保證的基本法律關係後，本章將介紹特殊的保證，包括了連帶保證、共同保證、信用委任、信用卡保證、再保證、求償保證及最高限額保證，本質上仍然是一種保證，僅因為各自有其特殊之法律關係之處，學說上因而稱為特殊之保證。以下將分別介紹之。

第一節 ｜ 連帶保證

連帶保證之意義，於學理上有不同學說見解。有學說認為，連帶保證是指主債務人與保證人共同負連帶責任，債權人得選擇向其中一人請求履行一部或全部債務。也就是說，連帶保證人加入原來的債務而成為主債務人之一，不能主張民法關於保證人的權利❶；也有學說認為，連帶保證並非保證人與債務人負連帶責任而仍然是一種保證，僅因保證人拋棄先訴抗辯權，而債權人可以選擇向債務人或保證人請求履行或代履行債務之全部或一部之保證類型。也就是說，連帶保證人並非主債務人，僅負保證責任，得主張民法保證人之權利❷。

依民法第 272 條規定，數人負同一債務，明示對於債權人各負全部給付之責任者，為連帶債務。無前項之明示時，連帶債務之成立，以法律有規定者為限。在多數債務人共同負連帶責任之情形下，各債務人對債權人均有獨立之債之發生，且各債務人均對債權人負自己之主債務履行責任；例如甲、乙二人共同過失傷害丙，依民法第 185 條，對丙連帶負損害賠償責任。丙因傷損失五萬元，在外部上，甲、乙均對丙負五萬元之損害賠償責任，且是自己對丙之責任。即使實際上，甲僅有 40% 過失（應負擔二萬元責任），乙僅有 60% 過失（應負擔三萬元責任），法律上仍規定，甲對丙

---

❶　參閱鄭玉波，《民法債編各論（下）》，鄭玉波發行，十三版，1990 年，頁 872～873。

❷　參閱史尚寬，《債法各論》，史尚寬發行，初版，1960 年，頁 861。

負五萬元損害賠償責任，乙亦對丙負五萬元損害賠償責任。超出自己過失造成範圍之損害賠償，由甲或乙自行向他方求償其應負擔之部分。換言之，由連帶債務人自己負擔其中一債務人清償不能之風險。例如乙是無財產之人，實際造成丙三萬元損失，丙仍得向甲請求賠償該三萬元損失，由甲自行向乙求償三萬元。本文則以為，連帶保證並非保證人與債務人負連帶責任，蓋保證人基於獨立之保證而對債權人負保證債務，但是代負履行主債務人之債務，具有從屬性，有所不同。

此外，觀察連帶債務人之內部分擔額來看，各債務人按一定比例負連帶責任，此與保證法律關係中，是由主債務人負終局全部責任不同。保證債務仍僅是一從屬性債務，將連帶保證解釋為，保證人與主債務人負連帶債務，已喪失保證之本質。應認為連帶保證僅是保證人拋棄先訴抗辯權之保證類型，且為一不真正連帶債務。稱不真正連帶債務，是因為債權人得自由選擇向保證人或債務人其中一人，請求履行全部或一部債務。雖與連帶債務中債權人得選擇向其中一債務人請求履行全部或一部債務相同，保證人與債務人仍非處於連帶責任之法律關係。

本文雖認為連帶保證僅為保證人拋棄先訴抗辯權之保證類型，實際上若遇有契約書中記載「連帶保證」之約款，尚不能一概認定該契約之法律性質。雙方當事人之契約法律關係，應探求雙方之真意以決定應適用何種契約類型之規定。例如甲向乙銀行借款一百萬元，丙與乙成立「連帶保證」契約。乙、丙間契約名稱雖為連帶保證，但實際內容是：丙願意承擔甲之部分債務，且願與甲負連帶返還借款責任。此時仍應認為甲、丙是連帶債務關係，適用民法第272條以下之規定，丙與乙間則未成立保證，自不適用保證之規定。

第二節 ｜ 共同保證

⏵ 壹、共同保證的意義

　　民法第 748 條規定，數人保證同一債務者，除契約另有訂定外，應連帶負保證責任。此種數個保證人對同一債務連帶負保證責任之保證類型，學理稱為共同保證。例如，甲向乙銀行借款一百萬元，丙與乙成立保證以擔保甲履行債務，丁亦與乙成立保證以擔保同一個債務的履行。此時，同一個債務有兩個保證存在，這兩個保證就合稱為共同保證。將來甲未履行借款返還義務，共同保證人丙、丁即對乙連帶負保證責任。也就是說，債權人乙於主債務人甲不履行債務時，得請求保證人丙、丁負保證責任，又因為丙跟丁對乙是負連帶債務，乙得選擇請求丙或丁履行全部或一部的保證債務。關於連帶債務人與債權人的法律關係，暫時留到後面再說，以下先就共同保證的成立要件加以說明。

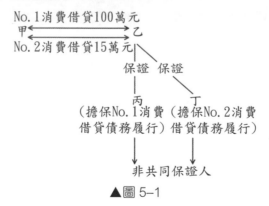

▲圖 5–1

　　數保證人就同一債務負保證責任時，始有第 748 條之適用。因此，同一債務人對同一債權人或數個債權人有數個債務，且分別由數保證人擔保債務之履行，該數保證人間並非共同保證人；亦或者數保證人而同一法律

行為所生之債務經分割後，由不同保證人分別擔保履行，各該保證非為共同保證❸，蓋在此情形下，各保證人並非就「同一債務」負保證責任。例如甲向乙銀行借款一百萬元，丙保證其中三十萬元借款之返還債務履行，丁保證另七十萬元借款返還債務之履行。由於當事人已特別將一百萬元債務分割成三十萬元與七十萬元，且由丙、丁各自擔保債務之履行，乙丙與乙丁間之保證非共同保證。

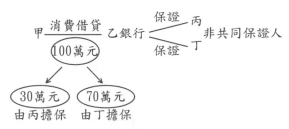

▲圖 5-2

　　數人保證同一債務，但各自之保證債務範圍不同時，各保證人在相同數額之部分仍成立共同保證而有第 748 條之適用❹。例如甲向乙銀行借款一百萬元，丙、丁、戊分別與乙成立保證，但僅為一部保證，保證債務範圍分別為五十萬元、三十萬元與二十萬元，此時應解釋為丙、丁、戊三人就二十萬元部分成立共同保證，丙、丁二人就三十萬元部分成立共同保證。將來甲未履行借款返還債務，乙得請求丙、丁、戊三人就二十萬元負連帶責任，得請求丙、丁二人就三十萬元負連帶責任。此外，亦得直接請求丙負五十萬元保證責任，直接請求丁負三十萬元保證責任，直接請求戊負二十萬元保證責任。

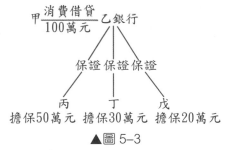

▲圖 5-3

---

❸　劉春堂，〈論保證〉，《華信金融季刊》，第 14 期，2001 年 6 月，頁 115。

❹　劉春堂，同前註，頁 115。

⊙ 貳、連帶債務之內、外部法律關係

　　共同保證人依民法第 748 條規定連帶負保證責任，是指各保證人對債權人負連帶債務，適用民法第 272 條以下之規定❺。首先，在外部關係上❻，債權人得選擇向保證人中一人，在連帶責任範圍內請求為一部或全部之給付（民法第 273 條）。例如丙、丁、戊三人共同保證一百萬元債務，主債務人不履行債務時，債權人乙得選擇向其中一保證人請求履行全部或一部保證責任之履行，也就是乙得請求丁代為給付一百萬元，乙亦得請求丙給付五十萬元，請求丁給付四十萬元，請求戊給付十萬元。惟應注意共同保證人若未拋棄先訴抗辯權時，於債權人未就主債務人之財產強制執行而無效果前，對於債權人仍得拒絕清償。共同保證人雖然負連帶責任，仍有先訴抗辯權可以主張❼。若保證人中一人對債務人生有抗辯事由，原則上，他保證人不得援以對抗債權人，此是因各保證人與債權人間各自獨立成立保證，基於契約相對性原則，債務人與債權人間發生契約上抗辯事由，效力不及於他債務人（民法第 279 條）。也就是說，丙得對乙主張之抗辯，他連帶債務人不得援引為抗辯債權人請求的依據，各連帶債務人只能以自己對債權人的抗辯事由主張抗辯。但是有原則就有例外，民法第 274 條以下設有例外規定：

一、連帶債務人中之一人為清償、代物清償、提存、抵銷或混同

　　法理上，共同保證人中一人向債權人為清償等使自己保證債務消滅之法律行為，法律行為效力僅及於自己與債權人間，亦即僅有保證人之保證債務消滅。然民法第 274 條特別規定，因連帶債務人中之一人為清償、代

---

❺　數個保證人擔保同一債務之履行，原則上各共同保證人連帶負保證責任，適用民法第 272 條以下之規定。但是，保證人中有特別跟債權人為相反約定時，例如約定不負連帶責任時，仍然依當事人之約定。這是從民法第 748 條中「除契約另有約定外」之規定推論而來。

❻　這裡講的外部關係，是指連帶債務人與債權人的法律關係。

❼　黃茂榮，〈保證連帶與擔保連帶〉，《植根雜誌》，第 20 卷第 6 期，2004 年 6 月，頁 33。

物清償、提存、抵銷或混同而債務消滅者，他債務人亦同免其責任。因此，他保證人對債權人之保證債務亦隨同消滅，債權人不得再向他保證人求償。

保證所擔保之主債務消滅，全部之共同保證當然隨同消滅。此是因保證債務從屬性而來。而共同保證債務彼此間不具有從屬關係，其中一保證人向債權人清償而他保證債務隨同消滅，是因法律特別規定而來，概念上應予釐清。例如債務人甲向乙銀行借款一百萬元，乙與丙、丁成立共同保證。今甲清償主債務，從屬之保證債務當然隨之消滅；今保證人丙代為全部清償，他保證人丁對乙之保證債務，依民法第274條規定而消滅。至於將來丙得對甲及丁行使求償權之問題，容待後述。

二、連帶債務人中之一人受確定判決

第275條規定，連帶債務人中之一人受確定判決，而其判決非基於該債務人之個人關係者，為他債務人之利益，亦生效力。例如債權人曾起訴請求連帶債務人中一人清償全部債務，法院認為連帶債務人中一人已對債權人全部清償，債權人之訴無理由，且判決確定後，債權人又對其他連帶債務人起訴請求清償債務時，前判決（有利於連帶債務人之判決）對後訴被告（連帶債務人）亦生效力，法院應判決原告之訴無理由駁回。

若連帶債務人中一人所受之確定判決是基於該債務人個人關係時，則無第275條之適用。例如債權人曾起訴請求連帶債務人中一人清償全部債務，法院認為被告為限制行為能力人，與債權人成立之契約未經法定代理人同意而不成立，原告請求被告履行債務之訴為無理由，應予駁回。債權人又對其他連帶債務人中一人起訴請求履行債務時，前訴判決效力不及於他連帶債務人。

三、債權人受領遲延

債務人在約定之期間提出合於債之本旨之給付，而債權人受領遲延時，因該遲延產生之法律效果包括：依民法第237條規定，債務人之注意義務減輕至重大過失責任。此外，債權人受領遲延，即生排除適用第266條之效果。債權人受領遲延後，因不可歸責雙方之事由導致債務人給付不能時，法理上應解釋為，債務人例外地可請求債權人為對待給付，不適用第266條

規定，不應由債務人承擔於債權人受領遲延後所生之價金危險。例如買方受領遲延後，買賣標的物因為地震而完全滅失，買方不能再請求賣方交付新的買賣標的物，而且仍然必須給付約定之買賣價金給賣方。

而共同保證中，債權人對其中一保證人受領遲延，該遲延所生之法律效果，效力及於他保證人。依民法第 278 條規定，債權人對於連帶債務人中之一人有遲延時，為他債務人之利益，亦生效力。例如甲向乙購買一萬公斤小麥，約定甲給付貨款後，乙再將小麥交付給甲。此外，丙與丁分別與甲成立保證，將來乙未交付一萬公斤小麥時，丙、丁願代為給付之。清償期屆滿後，乙僅交付一千公斤小麥，甲因而轉向丙請求交付剩餘九千公斤小麥，丙同意於 1 月 3 日將小麥運送至甲指定之倉庫。惟 1 月 3 日當日，甲指定之倉庫拒絕收受丙運至之小麥，丙只好將小麥再運回原處。然而在回程中，因丙之具體輕過失致貨車翻覆入河中，九千公斤小麥均滅失。

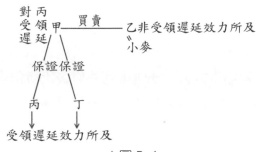

▲圖 5-4

首先，依民法第 200 條第 2 項，丙將九千公斤小麥裝至貨車時，丙之債務已成為特定物給付之債而非種類之債，故有給付不能之問題。又，該九千公斤小麥滅失陷於給付不能，是債權人受領遲延後所生之事實，依民法第 237 條規定，債務人丙僅就重大過失責任負責。丙既無重大過失使小麥滅失，是因不可歸責債務人之事由致給付不能，依民法第 225 條第 1 項規定，債務人免給付義務。再依民法第 278 條規定，債權人對連帶債務人丙遲延，因而產生丙免給付責任之法律效果，效力亦及於他連帶債務人丁，乙亦不得再請求丁給付九千公斤小麥。然而，債權人乙仍得繼續請求主債

務人甲給付剩餘九千公斤小麥，蓋甲與丙、丁並非連帶債務人，甲不得主張第278條免責，自屬當然。

四、債權人免除債務，而無消滅全部債務之意思表示

民法第276條第1項規定，債權人向連帶債務人中之一人免除債務，而無消滅全部債務之意思表示者，除該債務人應分擔之部分外，他債務人仍不免其責任。例如債權人乙與丙、丁、戊成立保證，擔保主債務人甲履行一百二十萬元借款返還義務。今乙向丙表示免除保證債務，丙對乙之保證債務因而消滅，丁與戊之保證債務則不受影響繼續存在，是基於契約相對性原則而來。惟丁與戊之保證責任範圍，依民法第276條第1項規定，應扣除受免除保證債務之人應分擔之部分。連帶債務人內部應分擔之部分，依民法第280條規定，連帶債務人相互間，除法律另有規定或契約另有訂定外，應平均分擔義務。因此，丙應與丁、戊各平均分擔四十萬元保證債務，而受債權人免除保證債務，丁與戊僅就剩餘八十萬元保證債務負連帶責任。

至於主債務人之債務仍不受免除而影響，蓋主債務人與共同保證人並非連帶債務人，主債務人自不得主張第276條第1項規定而免責。甲對乙之債務，在共同保證人代為清償八十萬元後，就剩餘未清償之四十萬元部分仍繼續存在，自屬當然。

五、消滅時效完成

第276條第2項規定，前項規定，於連帶債務人中之一人消滅時效已完成者準用之。原則上，債權人對共同保證人中一人有中斷消滅時效之行為，效力不及於他保證人。例如債權人乙對其中一保證人丙請求履行保證債務，乙對丙之消滅時效依民法第129條第1項規定而中斷，但對他保證人丁之請求權消滅時效仍繼續進行。而將來債權人乙對丁之請求權消滅時效已完成，亦不影響乙對丙請求權之行使。換言之，債權人對共同保證人之請求權消滅時效，係個別認定之。惟第276條第2項特別規定，乙對共同保證人中一人丁之消滅時效完成，丁對乙得主張時效抗辯，他保證人丙亦得就丁應分擔之範圍內，對乙主張抗辯。

六、以連帶債務人中之一人對債權人之債權主張抵銷

　　民法第 334 條第 1 項規定，二人互負債務，而其給付種類相同，並均屆清償期者，各得以其債務，與他方之債務，互為抵銷。但依債之性質不能抵銷或依當事人之特約不得抵銷者，不在此限。因此，原則上僅得以自己對債權人之債權，主張抵銷自己對債權人之債務。惟第 277 條有例外規定，連帶債務人中之一人，對於債權人有債權者，他債務人以該債務人應分擔之部分為限，得主張抵銷。例如共同保證人丙、丁、戊連帶對債權人乙負一百二十萬元保證債務，而丙對乙另有五十萬元債權。今乙請求丙履行一百二十萬元保證債務，丙自得依民法第 334 條第 1 項，以該五十萬元債權主張抵銷，但丙仍就抵銷後剩餘之七十萬元債務負保證責任。若丙是向丁或戊請求履行保證債務，丁、戊亦得依民法第 277 條規定，以丙對乙之債權主張抵銷自己對乙之保證債務，但丁或戊只能以債務人丙應分擔之部分（四十萬元）主張抵銷，而丙、丁、戊就抵銷後剩餘之八十萬元債務仍負連帶責任。共同保證人依第 277 條以他保證人之債權主張抵銷，如同該他保證人以自己財產使共同保證債務之全部或一部消滅，事後得向共同保證人行使求償權。

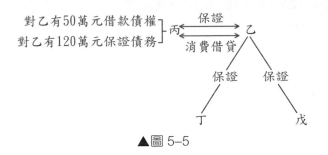

▲圖 5–5

　　再來就要談到共同保證人之內部關係❽。依民法第 281 條第 1 項規定，連帶債務人中之一人，因清償、代物清償、提存、抵銷或混同，致他債務人同免責任者，得向他債務人請求償還各自分擔之部分，並自免責時起之利息。例如共同保證人丙、丁、戊共同擔保乙對甲之一百二十萬元借

---

❽　這裡講的內部關係，是指各連帶債務人彼此間的法律關係，以內部關係形容之。

款債權。今甲未履行主債務,債權人乙請求保證人丙代為返還一百二十萬元借款。丙為清償後,依該項規定,對他共同保證人丁、戊有求償權,得分別向丁、戊請求返還應分擔之部分(各四十萬元分擔部分)。

共同保證人中若有不能償還應分擔額時,依民法第 282 條第 1 項規定,連帶債務人中之一人,不能償還其分擔額者,其不能償還之部分,由求償權人與他債務人按照比例分擔之。但其不能償還,是由求償權人之過失所致者,不得對於他債務人請求其分擔。例如共同保證人丙、丁、戊中,丙先清償全部保證債務一百二十萬元,分別對丁、戊取得四十萬元求償權。今戊破產無資力返還丙四十萬元,該四十萬元求償不能之不利益,應由丙、丁各平均分擔二十萬元。亦即,丁應代戊給付丙二十萬元,由丁自行向戊求償該二十萬元。丙對戊自行求償剩餘之二十萬元。同條第 2 項並規定,前項情形,他債務人中之一人應分擔之部分已免責者,仍應依前項比例分擔之規定,負其責任。

保證人依第 281 條第 1 項取得求償權外,尚承受原債權人對共同保證人之權利。同條第 2 項規定,前項情形,求償權人於求償範圍內,承受債權人之權利。但不得有害於債權人之利益。例如己與乙成立再保證,擔保丙、丁、戊履行保證債務,庚則設定抵押權擔保丙、丁、戊履行保證債務。丙清償後,承受原債權人乙對己之保證債權及對庚之抵押權。

保證人除依第 281 條對他保證人有求償權及承受權外,同時對主債務人有求償權,以及依民法第 749 條之承受權,自屬當然。而他保證人被行使求償權而為清償後,亦對主債務人有求償權及承受權。

第三節 │ 信用委任

信用委任原則上是基於法律行為而生之委任契約,一方委任他方以該他方名義及其計算,提供信用予約定之第三人之契約。所謂提供信用,是

指類似貸與金錢與他人之法律行為。所謂以該他方名義及其計算，是由該他方與約定之第三人成立契約提供信用，第三人與委任人間無提供信用之契約關係存在。也就是說，受委任之人以受任人自己的名義貸與金錢給約定之第三人，不是受任人以委任人的名義將金錢貸與第三人。只有第三人跟委任人間無直接之契約關係。例如丙委任銀行乙，由乙銀行以自己名義及自己之計算，貸與甲一百萬元。乙依約與甲成立消費借貸契約將錢借予甲，甲、丙間並無借貸契約存在。將來甲不返還一百萬元，只有乙可以向甲請求返還借款，丙不得向甲請求返還借款；而且乙也只能向甲請求返還借款，不能向丙請求返還借款。但是法律上有特別規定（民法第 756 條），使得乙銀行有權在甲不返還借款時請求丙代負返還責任。此外，在解釋上必須等到受任人因該委任而對於第三人給予融資時，始有保證之適用❾。也就是說，乙銀行依委任契約將一百萬元借給甲時，委任人丙與乙之間才有法定保證關係存在。若乙、丙只成立信用委任契約，乙尚未提供任何信用，亦即尚未依委任契約將金錢貸予第三人時，無適用保證之問題。

　　信用委任原本應該是一種委任契約，但基於民法第 756 條規定，使信用委任契約成為委任及保證之混合契約，委任人須負保證責任。依該條規定，委任他人以該他人之名義及其計算，供給信用於第三人者，就該第三人因受領信用所負之債務，對於受任人，負保證責任。信用委任契約中，委任人的保證責任是因為法律規定而發生，縱使委任人與受任人無成立保證之意思，法律規定委任人仍應該要負保證責任。

　　除信用委任外，交易實務上還有一種常見的付款工具——信用狀。信用狀是指銀行受客戶委任，自己簽發給客戶所指定之人之一種文書，取得這文書的人可請求銀行依信用狀上所載之金額付款。簡單的說，就是客戶委任銀行付款，當有出具特定的信用狀以及特定之文件之人時，銀行應付款予該人。而客戶與銀行間的委任契約並不是一種信用委任，因為客戶並沒有委任銀行提供信用給特定的第三人，也就是說，客戶並沒有委任銀行以銀行的名義借錢給第三人，只是委任銀行付款給出具信用狀及特定文件

---

❾　黃茂榮，〈保證〉，《植根雜誌》，第 20 卷第 8 期，2004 年 8 月，頁 323。

之第三人，第三人與銀行間並沒有消費借貸關係的存在，不會有第 756 條中「第三人因受領信用所負之債務」之情形發生。因此，在委任銀行簽發信用狀的契約法律關係，應無民法第 756 條的適用。

第四節 │ 信用卡保證

　　信用卡是指金融機構製發予特定人，具有證明功用之卡片。該特定人得持信用卡，直接在與發卡金融機構有特約之商店賒帳消費，不須當場給付現金予商店。將來特約商店得憑持卡人之消費紀錄簽名，向發卡之金融機構請求支付持卡人所賒帳金額範圍內之金錢，該金融機構再向持卡人求償❿。持信用卡消費牽涉多個法律關係。首先，發卡銀行與特定商店間成立委任契約，雙方約定，持發卡銀行所發行信用卡之人，得在商店賒帳消費，而發卡銀行應代持卡人償還費用。其次，發卡銀行與持卡人成立委任契約，持卡人委任發卡銀行代為償還賒帳範圍內之費用，持卡人應清償處理委任事務之費用。最後，持卡人與特約商店則成立交易法律關係，例如買賣契約。

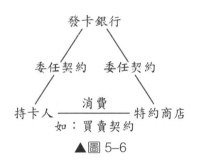

▲圖 5-6

　　發卡金融機構與商店成立之契約，是金融機構委任商店，以商店自己之名義及計算，提供信用予持卡人之契約，為民法第 756 條之「信用委任」

---

❿　參閱黃茂榮，〈保證〉，《植根雜誌》，第 20 卷第 8 期，2004 年 8 月，頁 10～11。

契約。因此，發卡金融機構至少具有法定之保證責任，持卡人不履行對商店之債務時，發卡金融機構應代負保證責任。然而在實務上，金融機構與商店通常直接約定成立保證，且金融機構拋棄先訴抗辯權，不待持卡人（主債務人）不履行債務，金融機構即應代持卡人履行債務。例如，丙銀行與乙商店約定，持有丙發行信用卡之人，於乙商店所賒帳款，丙均願代為給付。今甲持丙銀行發行之信用卡前往乙商店消費五千元，乙即得向丙銀行請求代為給付五千元。將來乙得請求丙給付五千元之依據為乙、丙間之保證，而非基於甲、乙間之消費契約。蓋甲、乙間成立契約，例如買賣，效力僅及於甲、乙，不及於第三人丙。丙僅有代甲履行債務之保證責任。

而持卡人與發卡金融機構成立之契約為委任契約，持卡人委任發卡金融機構代為清償其對特約商店之債務。發卡金融機構（受任人）代為清償後，得依契約或民法第546條規定，請求持卡人（委任人）償還處理委任事務所支出之必要費用及自支出時起之利息。為擔保持卡人履行費用償還債務，發卡金融機構可能與第三人成立保證。例如丙銀行發信用卡與甲，並與丁成立保證擔保甲履行費用償還債務。甲持信用卡至乙商店消費五十萬元。丙銀行對乙代為清償五十萬元後，甲無力償還信用卡債，丙得依保證請求丁代為清償五十萬元。

信用卡時常發生盜用或偽造之情形，在這三方法律關係下，應由何人負擔危險，值得探討。首先，發卡金融機構與特約商店成立信用委任契約，對特約商店負有法定保證責任，擔保持卡人對特約商店債務之履行。若有人持偽造信用卡假造持卡人之名義於特約商店消費時，特約商店與持卡人無契約關係存在，自不得請求持卡人履行債務。而主債務既未發生，特約商店自不得請求發卡金融機構履行保證責任。也就是說，使用偽造信用卡所生之風險應由特約商店自行承擔，特約商店只能自行向使用偽造信用卡之人求償。然而，發卡金融機構與特約商店間若有風險承擔之約款，例如發卡金融機構願承擔部分或全部風險，以提高商店願意接受信用卡交易之意願，則屬另一問題。

持卡人僅委託發卡機構，對自己在特約商店之消費金額範圍內，代為

清償。假若持卡人未於特約商店消費，而特約商店卻以假造之消費紀錄，請求發卡金融機構償還價金，金融機構不察仍加以償還時，該償還之行為並非在金融機構受託處理事務之範圍內，金融機構自不得依民法第 546 條請求持卡人償還處理委任事務費用。蓋金融機構所受託處理之事務，僅限於持卡人持真正信用卡且親自簽名之消費紀錄範圍內，代持卡人清償債務。在這種情形下，金融機構僅得依不當得利之規定，自行向特約商店請求返還墊付之金額❶。

第五節 | 再保證、求償保證

再保證及求償保證是因為其所擔保之債務而被學說上稱為特殊之保證，但本質上仍然是一種保證。再保證所擔保之主債務是他保證人的保證債務，而求償保證是擔保他保證人對其所代負履行債務之債務人的求償權能獲得滿足。以下將分別論述。

⊙ 壹、再保證

再保證是擔保「保證債務」履行之保證。例如，甲向乙銀行借款一百萬元，丙與乙成立保證擔保甲返還一百萬元借款（稱主保證），丁亦與乙成立保證擔保丙履行保證債務。丁與乙間之保證即再保證。主債務契約、主保證與再保證均為各自獨立之契約，且再保證與一般保證相同，在債務成立、消滅及責任範圍上均從屬於其所擔保之保證債務。再保證人與債權人之法律關係，與主保證人與債權人之法律關係相同，例如主債務人得對債權人主張之抗辯事由，主保證人亦得援引對抗債權人；而主保證人得對債

---

❶ 關於偽造、盜用信用卡之風險分配問題，亦有主張由發卡銀行負擔者，其理由在於發卡銀行得利用服務價格之調整將風險分散給大眾分擔。可參閱黃茂榮，〈保證〉，《植根雜誌》，第 20 卷第 8 期，2004 年 8 月，頁 14～15。

權人主張之抗辯事由，再保證人亦得援引對抗債權人（民法第 742 條）；惟民法第 742 條之 1 在適用上應予注意，主保證人雖得以主債務人對債權人之債權主張抵銷自己之保證債務，再保證人不得以主債務人對債權人之債權主張抵銷自己之保證債務。蓋再保證契約中所指之「主債務人」是指所擔保之主保證人，再保證人僅得以主保證人對債權人之債權主張抵銷。

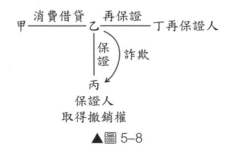

（保證之主債務人）甲 ──消費借貸A── 乙 ──再保證C── 丁再保證人
擔保A　　　保證B　　擔保B
丙
保證人
（再保證契約之主債務人）

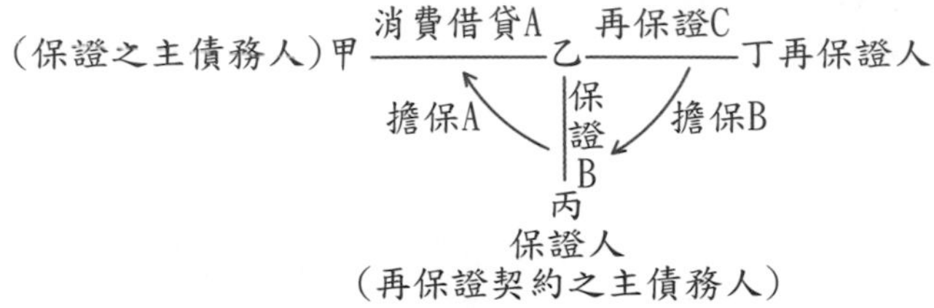

▲圖 5–7

此外，主債務人就其債之發生原因之法律行為有撤銷權，主保證人對債權人得拒絕清償（民法第 744 條），但再保證人不得直接主張拒絕清償。須主保證人就其債之發生原因之法律行為有撤銷權，再保證人始得主張第 744 條拒絕清償。然而，主保證人依第 744 條得對債權人主張抗辯，再保證人得依民法第 742 條，以主保證人之拒絕清償抗辯事由對抗債權人。例如甲向乙購買一百萬元貨物，乙提供錯誤資訊使丙誤信甲之財務狀況，而與之成立保證。此外，乙又與丁成立再保證，擔保丙履行保證債務。事後，甲、丙均未履行債務，乙轉向丁請求代履行保證債務。丁得主張第 744 條，以主保證人丙受詐欺而與乙成立保證，有撤銷權為由，拒絕對乙清償。

甲 ──消費借貸── 乙 ──再保證── 丁再保證人
保證　詐欺
丙
保證人
取得撤銷權

▲圖 5–8

又例如乙提供錯誤資訊使甲向其購買一百萬元貨物，另與丙成立保證，

與丁成立再保證。事後甲、丙均未履行債務，乙轉向丁請求代履行保證債務。丁不得主張民法第 744 條，僅得以丙對乙之抗辯事由（亦即丙依民法第 744 條，以甲受詐欺享有撤銷權為由主張拒絕清償），依民法第 742 條對債權人主張抗辯。

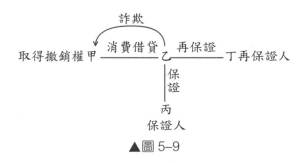

詐欺
消費借貸　再保證
取得撤銷權甲 ——————乙————— 丁再保證人
　　　　　　　　｜
　　　　　　　　保
　　　　　　　　證
　　　　　　　　｜
　　　　　　　　丙
　　　　　　　保證人

▲圖 5-9

　　主保證人履行保證債務後，保證債務消滅，對主債務人有求償權，並承受原債權人對債務人之債權。而再保證人代履行保證債務後，再保證債務消滅，對主保證人有求償權，並承受原債權人對主保證人之保證債權。

　　此外，學理上尚有第二保證❷，應與再保證加以區別。第二保證是一種補充性保證，與第一保證均擔保主債務，但第二保證當事人特別約定，僅於第一保證無效或第一保證人不能履行債務時，始負保證責任之保證。此與再保證是擔保主保證債務之履行不同。例如甲向乙銀行借款一百萬元，丙與乙成立保證（第一保證）擔保甲履行借款返還債務。丁亦與乙成立保證（第二保證），亦擔保甲履行借款返還債務之履行，但乙、丁特別約定，僅於第一保證人丙不履行保證債務，或第一保證無效時，丁始負履行保證債務之責。

▶ 貳、求償保證

　　再保證是擔保主保證債務履行之保證，而求償保證則是擔保將來保證人履行保證債務後對主債務人之求償債權之保證。例如甲向乙銀行借款一百萬元，丙與乙成立保證擔保甲之借款返還債務。丁則與丙成立保證，擔

---

❷　劉春堂，〈論保證〉，《華信金融季刊》，第 14 期，2001 年 6 月，頁 118。

保甲將來履行對保證人丙之求償債務。清償期屆滿而甲未返還借款，由丙代負履行責任後，丙對甲依民法第 176 條取得求償權。甲未對丙償還管理之必要費用，丙得請求丁履行保證債務。

甲 ──消費借貸── 乙
　　　　　　　　　保
　　　　　　　　　證
丁 ──求償保證── 丙
擔保甲對丙　擔保甲對乙
履行債務　　履行債務

▲圖 5-10

與求償保證類似的情形，例如甲向乙銀行借款一百萬元，丙、丁分別與乙成立保證擔保甲之借款返還債務。丙履行保證債務後，對甲取得求償權外，依民法第 749 條承受乙對甲之債權，包括從屬於該債權之從權利，亦即乙對丁之保證債權。將來甲未依第 176 條償還管理必要費用予保證人丙，丙得請求丁代履行債務。

第六節 ｜ 最高限額保證

　　最高限額保證是指保證人與債權人約定，就債權人與主債務人間所生一定債之關係範圍內之不特定債務，預定最高限額，由保證人保證代負履行責任的契約❸。最高限額保證本質上仍為保證，因為所擔保債務之性質而被學說稱為特殊之保證，其與一般保證不同在於，最高限額保證擔保之主債務，是一定範圍下之不特定債務，非擔保特定之債務。

---

❸　羅子武、謝憲杰，前揭文，頁 57；林誠二，〈最高限額保證〉，《台灣本土法學雜誌》，第 25 期，2001 年 8 月，頁 93～100；陳聰富，〈最高限額保證人之權利〉，《月旦法學雜誌》，第 74 期，2001 年 7 月，頁 10～11。

⊙ 壹、擔保一定範圍下之不特定債務

最高限額保證與一般保證相同，與主債務間具有獨立性、從屬性及補充性。僅所擔保者是一不特定之主債務，與一般保證是擔保特定之主債務不同。保證債務在成立上從屬於主債務，但不以保證成立時既已存有主債務為成立要件。擔保將來發生之債務，亦得成立保證。惟保證當事人間仍須就所擔保之債務範圍有所合意，始能成立最高限額保證。蓋契約之成立，依民法第 153 條第 2 項規定，須對契約之必要之點意思一致。所謂必要之點，是指契約之主給付義務內容。以保證而言，保證為主債務人不履行債務時，由保證人代負履行責任之契約，保證人之主給付義務內容，包括主債務之範圍以及代負履行責任之範圍。若根本未就主債務範圍有所約定，如同未就保證人之主給付內容有所合意，保證自不成立。最高法院 77 年度臺上字第 943 號判例「保證人與債權人約定就債權人與主債務人間所生一定債之關係範圍內之不特定債務，預定最高限額，由保證人保證之契約，學說上稱為最高限額保證」，小以當事人間就主債務範圍有所約定之情形下，承認最高限額保證。

所謂在一定範圍下之不特定債務，是指在一定基礎關係下所發生之不特定債務。例如經銷關係中，經銷商甲與供貨商乙約定，甲每月向乙購買一百萬元之貨物，為期一年；待甲提出訂單並經乙承諾，始成立買賣契約。乙與丙成立保證，擔保在該經銷關係下甲、乙所成立之每筆買賣契約下，甲之價金給付義務之履行。乙、丙成立保證時，甲、乙間僅有一經銷契約存在，甲尚未提出訂單而乙未承諾，甲尚無價金給付義務，該保證並非擔保已發生之特定債務，而是擔保一定範圍下之不特定債務：在甲、乙間一年經銷關係範圍下，將來所生之甲之價金給付義務。

⊙ 貳、最高限額之約定

由於最高限額保證是擔保一定範圍下之不特定債務之履行，因此，保證人之責任範圍仍處於一不確定狀態。為減低該不確定狀態造成之不利益，

保證人與債權人會約定保證責任之最高額度，保證人僅在該額度內，對債權人負保證責任。例如前例中，乙、丙約定丙僅負三百萬元額度內之保證責任，甲積欠乙四個月之買賣價金四百萬元，乙仍僅得請求丙代負三百萬元價金。

在一般保證中，雙方當事人亦可能就保證人責任範圍上限有所約定。例如甲向乙銀行借款一百萬元，乙與丙成立保證，擔保其中七十萬元借款返還債務之履行。學理稱此種保證為一部保證，而非最高限額保證。最高限額保證之特殊性，在於所擔保債務為一不特定債務，而非在於保證責任額度上限之約定。

▶ 參、最高限額保證是否有確定事由

最高限額保證之確定，是指所擔保之一定基礎關係下之不特定債務，因某種事由之發生而歸於具體確定。而該某種事由稱為最高限額保證之確定事由。我國民法並無關於最高限額保證確定事由之規定，僅有最高限額抵押權之確定事由規定。最高限額抵押權之確定事由規定於民法第 881 條之 5 及第 881 條之 12，例如約定之確定期日屆滿、未約定確定期日而經抵押人請求確定、基礎法律關係消滅或最高限額抵押權人聲請裁定拍賣抵押物等。而最高限額抵押權確定後，依民法第 881 條之 14 規定，最高限額抵押權即轉換成「有擔保金額上限之普通抵押權」。

最高限額抵押權之規定並不直接適用於最高限額保證，蓋保證為「契約」，而最高限額抵押權為「物權」。有認為最高限額保證之確定事由及其效力雖未有相關規定，但與最高限額抵押權相似，法理上得做相同解釋[14]。惟探究民法物權編規定最高限額抵押權確定事由，是考量抵押權之實行而生。最高限額抵押權仍屬擔保物權，終究無法完全脫離債權而存在，其實現擔保價值亦即實行抵押權之際，關於其優先受償權之內容如何，即須以擔保之債權定之[15]。例如，抵押權人聲請拍賣抵押物，執行法院須確定擔

---

[14]　林誠二，〈最高限額保證〉，《台灣本土法學雜誌》，第 25 期，2001 年 8 月，頁 94～95。

保債權為何，始得決定有無拍賣實益、始得製作分配表。若仍繼續擔保將來繼續發生之債權，將無法實行抵押權。

　　而最高限額保證中，保證人是以自己全部財產擔保特定範圍下之債權，與最高限額抵押人以特定物供擔保有所不同。**保證債權之實行，無待擔保債權之特定即得為之。**例如，經銷關係中，經銷商甲與供貨商乙約定，甲每月向乙購買一百萬元之貨物，為期一年；待甲提出訂單並經乙承諾，始成立買賣契約。乙與丙成立保證，擔保在該經銷關係中，甲、乙所成立之每筆買賣契約下，甲之價金給付義務之履行，且保證人責任上限為三百萬元。在該經銷關係下，甲未履行 2 月份及 3 月份之給付買賣價金義務，分別為一百五十萬元及一百二十萬元，債權人得依保證，請求保證人以自己全部財產代履行債務。將來債權人乙取得一百五十萬元及一百二十萬元債權執行名義聲請執行保證人財產，最高限額保證並不因而轉成一般保證，仍繼續擔保 4 月份、5 月份等將來債務人價金給付義務之履行。乙執行保證人財產後，又生有三十萬元保證債務，於取得執行名義後仍得聲請執行保證人之財產。

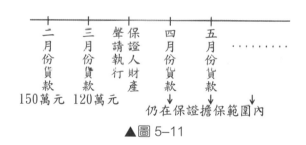

二月份貨款　三月份貨款　聲請執行　保證人財產　四月份貨款　五月份貨款　…………

150萬元　　120萬元　　　　　　　仍在保證擔保範圍內

▲圖 5-11

　　當事人既已約定，在經銷關係下所生之價金給付債務，均為保證擔保範圍，保證人自應繼續擔保將來月份之價金給付。契約當事人法律關係自應依契約內容而定之。且最高限額保證與最高限額抵押二者性質不同，最高限額保證債權之實行亦無待擔保債權範圍之確定始得為之，關於最高限額抵押法定確定事由及效力規定，應無適用於最高限額保證。然而，當事人若另有約定最高限額之確定事由及效力，應依該約定決定法律關係，自屬當然。

⑮ 謝在全，《民法物權論（下）》，三民書局，1997 年 9 月修訂版，頁 166。

　　在最高法院 77 年臺上字第 943 號判例中亦同此見解。法院認為「……在該保證契約（最高限額保證）有效期間內，已發生約定範圍內之債務，縱因清償或其他事由而減少或消滅，該保證契約依然有效，嗣後所生約定範圍內之債務，於不逾最高限額者，債權人仍得請求保證人履行保證責任❶」。在該判例中，被上訴人（保證人）與上訴人（債權人）成立最高限額保證，約定訴外人金礎公司欠伊之債務，在新臺幣五百萬元限度內，負連帶清償責任。今金礎公司（主債務人）委任上訴人（債權人）開發信用狀為其墊付二十一萬餘美元，清償期已屆滿而金礎公司仍未償還墊付款，上訴人轉而向被上訴人請求履行保證債務。被上訴人則主張：伊固曾簽立保證契約，然保證成立後，金礎公司曾向上訴人借款三百萬元及八萬美元，金礎公司均已返還借款，是主債務人金礎公司已清償債務完畢，保證債務已消滅。事後金礎公司又委任上訴人開發二十一萬餘美元之信用狀，而對上訴人負有債務，自不在保證範圍之內。最高法院則以為，上訴人與被上訴人既已約定訴外人金礎公司欠伊之債務，在新臺幣五百萬元限度內，負連帶清償責任，則金礎公司對上訴人所負之債務，均在保證之範圍內，僅保證人之責任上限為五百萬元。兩造訂立該保證書後上訴人貸與金礎公司之新臺幣三百萬元與美金八萬元，縱經該公司清償完畢，該保證仍應繼續有效。事後金礎公司又委任上訴人開發二十一萬餘美元之信用狀，而對上訴人所負之債務，當然在保證範圍之內。

---

❶　參見最高法院 77 年臺上字第 943 號判例要旨「保證人與債權人約定就債權人與主債務人間所生一定債之關係範圍內之不特定債務，預定最高限額，由保證人保證之契約，學說上稱為最高限額保證。此種保證契約如定有期間，在該期間內所生約定範圍內之債務，不逾最高限額者，均為保證契約效力所及；如未定期間，保證契約在未經保證人依民法第七百五十四條規定終止或有其他消滅原因以前，所生約定範圍內之債務，亦同。故在該保證契約有效期間內，已發生約定範圍內之債務，縱因清償或其他事由而減少或消滅，該保證契約依然有效，嗣後所生約定範圍內之債務，於不逾最高限額者，債權人仍得請求保證人履行保證責任。」

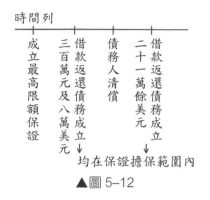

▲圖 5-12

◉ 肆、最高限額保證之從屬性

在一般保證中，保證債務從屬於所擔保之特定債權及債務。所擔保之債權若有移轉，依民法第 295 條第 1 項規定，保證亦隨同移轉，原債權之繼受人仍取得保證債權。而最高限額保證是擔保範圍可確定之基礎關係下，所生之不特定債權。在該基礎關係下所發生之債權有移轉時，是否亦有第 295 條第 1 項規定之適用？有認為最高限額保證應與最高限額抵押權同，所擔保之債權未確定前移轉予他人，該債權即脫離保證關係❼。其理由為，最高限額保證並非從屬於所擔保之不特定債權，而是從屬於基礎關係。在確定前，基於該基礎關係下陸續發生之債權並非當然為最高限額保證所擔保之債權，須待最高限額保證確定後，始得確定所擔保之債權為何。因此，在未確定前，最高限額保證並不隨同債權而移轉。

然而，最高限額保證與最高限額抵押權並非相同，契約法律關係應依契約內容決定。當事人既約定在基礎關係下所發生之債權均為最高限額保證所擔保，保證人自應依雙方之約定，擔保各筆債權。債務人若有不履行債務，應代負履行責任，自屬當然。最高限額保證債務仍從屬於該不特定債權本身，而非僅從屬於基礎法律關係。雖然最高限額保證成立時尚未生有特定之債權，仍可解釋為為將來繼續發生之債權作擔保。最高限額抵押權確定之法定事由規定，是考量抵押權之實行面問題使然，而與最高限額保證人以一般財產作擔保，並不相同。

---

❼　林誠二，〈最高限額保證〉，《台灣本土法學雜誌》，第 25 期，2001 年 8 月，頁 95。

chapter 06

人事保證

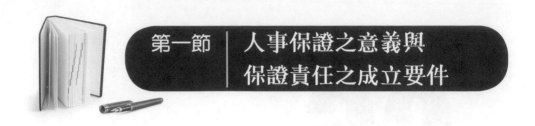

▶ 壹、人事保證之意義

依民法第 756 條之 1 第 1 項規定，人事保證是當事人約定，一方於他方之受僱人將來因職務上之行為而應對他方為損害賠償時，由其代負賠償責任之契約。例如，甲受僱於乙銀行，負責處理銀行放款業務。乙另與丙成立人事保證，約定將來甲因職務上行為而應對乙銀行負損害賠償責任時，丙應代負賠償責任。今甲與友人丁共同偽造丁之信用及資產紀錄，使乙銀行誤認丁為信用良好且有資力之人，而同意借款一百萬元予丁。乙另與丁之父，戊，成立保證，擔保丁履行借款返還債務。清償期屆滿後丁不知去向，名下亦無任何財產可供執行，乙銀行得分別向甲、丙、戊求償。首先，主債務人丁不履行借款返還債務，乙銀行得依保證請求保證人戊代為返還一百萬元借款。乙亦得依民法第 184 條第 1 項規定，主張員工甲故意提供錯誤資訊使乙陷於錯誤，侵害乙之精神表意自由而受有損害，應對乙負損害賠償責任。此外，基於乙、丙間之人事保證，被保證人甲對乙之損害賠償責任，乙得請求丙代為履行。

人事保證於民國 88 年民法修正時新增，規定於第 756 條之 1 以下，性質上為一特殊之保證。若保證所擔保之債務為「受僱人對僱用人因職務上行為所生之損害賠償債務」，該保證為人事保證，雙方法律關係是依契約而定，未約定之事項應優先適用人事保證之規定。

▶ 貳、人事保證責任之成立要件

民法第 756 條之 1 第 1 項規定，人事保證是當事人約定，一方於他方之受僱人將來因職務上之行為而應對他方為損害賠償時，由其代負賠償責

任之契約。因此，限於他方之「受僱人」因「職務上行為」而對他方負「損害賠償責任」時，人事保證人始有代負賠償責任之義務。從這邊可以看出人事保證責任成立的三個要件，包括：主債務人須為他方之受僱人、受僱人的職務上行為、受僱人對他方負有損害賠償責任。

一、受僱人

所謂他方之「受僱人」，是指與他方訂有僱傭契約❶，於固定期間受他方指示為其服勞務之人。至於與他方不存有僱傭契約之人，但客觀上為他方使用為之服務且受其監督之人，例如受任人、行紀人、受寄人、代辦商等，可否解釋為本條之「受僱人」？也就是說，契約雙方約定，一方於他方之受任人、行紀人或受寄人對他方負有損害賠償責任時，代負損害賠償責任的契約，是不是一種人事保證而適用民法人事保證的規定？有學說認為應採否定見解，理由在於，從法條文義解釋上，第 756 條之 1 既已明文限於「受僱人」，自不包括受僱人以外為他方服勞務之人。此外，客觀上偶然為他人使用而服勞務，較無於事先由被使用人尋覓保證人以保證其對使用人之損害賠償責任之可能。且客觀上為他方使用為之服勞務之人對他方之損害賠償責任之發生，通常是因未履行勞務提供義務而生，此與人事保證是擔保受僱人因職務上行為對他方生損害賠償責任之履行不同❷。這就是說，人事保證責任通常是擔保為他方服勞務的人，能夠誠實安分的執行自己的職務。若利用職務上的機會做出一些使他方受損害的行為，比如說銀行行員監守自盜，而對他方負有損害賠償責任，這時候才有人事保證人代負損害賠償的責任發生。相反的，若不是他方的受僱人，而只是受委任處理事情的人或受寄託保管東西的人等等，通常是因為沒有按照契約履行自己的債務，將應該要做的事情做好，而使得他方受有損害。雖然這時候受

---

❶ 民法第 482 條規定，稱僱傭者，謂當事人約定，一方於一定或不定之期限內為他方服勞務，他方給付報酬之契約。

❷ 楊淑文，〈論人事保證之從屬性與債權人之附隨注意義務——兼評民法債編關於「人事保證」之增訂條文〉，《台灣本土法學雜誌》，第 29 期，2001 年 12 月，頁 9。

任人或受寄人等也對契約之他方負有損害賠償責任，但這種損害賠償責任是一種不履行債務的損害賠償責任，跟利用職務上機會做出使他方受損害的行為而應負的損害賠償責任不同。而人事保證所擔保的，不是這種損害賠償債務，而是前述受僱人不誠實履行債務的損害賠償債務。

　　但假若雙方仍然約定一方於他方之受任人因職務上的行為應對他方為損害賠償責任，這種約定雖然不是人事保證，仍然是一種有效的契約。因為基於私法自治原則，只要契約的內容不要違背法律強行規定或公序良俗，契約就產生效力，當事人可以自己決定契約的內容。而這種契約就算不是民法的人事保證，解釋上也可以類推適用人事保證的規定，只是債權人將來欲向法院主張權利，或是債務人欲主張抗辯時，不能直接適用人事保證之規定，應向法院表明是「類推適用」人事保證之規定。

二、職務上行為

　　所謂「因職務上行為」對他方負損害賠償責任，包括受僱人利用執行職務之機會而使他方受損害，因而對他方負損害賠償責任之情形。實務上多發生於受僱人擅自侵吞公款之情形。例如在臺灣士林地方法院 96 年度訴字第 1182 號判決中，原告（僱用人）起訴主張：「被告丁（受僱人）於民國 93 年 9 月 6 日受僱於原告復興北路營業所業務部門擔任業務代表，工作內容為車輛銷售、保險及車輛售後服務相關之事項。惟其自 93 年 12 月起，陸續虧欠原告配件款新臺幣 189,324 元、侵占客戶車款 102,245 元，並盜賣客戶之車輛 54 萬元。而被告甲、丙為被告丁之人事保證人，保證期間自 93 年 10 月 11 日起至 96 年 10 月 10 日止，故被告丁在職且為保證期間，致原告所受之損害，其二人應負連帶賠償之責。依侵權行為及人事保證之法律關係提起本訴」等語。法院認為丁侵占配件款及客戶車款之行為，及盜賣客戶車輛之行為，使原告受客戶請求損害賠償而受有損害，是受僱人因職務上行為而使僱用人受損害，人事保證人甲、丙應就該受僱人對僱用人之損害賠償責任，代負履行之責。

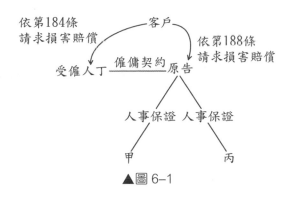

▲圖 6-1

　　此外，於臺北地方法院 96 年度訴字第 5263 號判決中，原告起訴主張：「訴外人（受僱人）乙是原告（僱用人）鼎積公寓大廈管理維護股份有限公司之員工，經原告指派至位於臺北市中山區「基河二期國宅社區」，擔任社區總幹事職務，被告丁、丙則為受僱人乙之人事保證人，依約於受僱人乙因職務上行為而應對原告負損害賠償責任時，即由渠等負連帶賠償責任，且立有連帶保證書為憑。詎乙於民國 95 年 6 月 6 日起至 95 年 12 月 20 日止之任職期間內，竟擅自挪用原告代收及代管之「基河二期國宅社區」住戶管理費，計新臺幣 641,800 元。原告於墊賠上開受僱人乙擅自挪用之款項後，即屢向乙催告請求返還上開款項，惟均未獲置理，而被告丁、丙二人為乙之人事保證人，就原告所受此項損害，自應負連帶賠償之責。」法院認為，乙擅自挪用管理費，因而使原告受請求損害賠償致生損害，是因職務上行為使原告受有損害，乙之人事保證人應負人事保證責任。

三、受僱人的損害賠償責任

　　人事保證責任之發生，限於受僱人因職務上行為而應對他方為損害賠償責任時，人事保證人始代負損害賠償責任。所謂應對他方為「損害賠償責任」，包括受僱人對他方侵權行為所生之損害賠償責任，自不待言。惟是否包括契約上所生之損害賠償責任？亦即，受僱人因為不履行僱傭契約而對僱用人生損害賠償責任，人事保證人應否代負履行之責？例如甲公司指示受僱人乙遞送一份重要的文件，用來回應甲公司的商業夥伴丙公司的購買要約，承諾以優惠價格出賣產品予丙，卻因為乙過失未及時送達該文件，

丙公司以為甲不接受該要約而改向他公司購買，使得甲公司喪失獲取利潤的機會，而受有損害。這時候人事保證人應否負保證責任？

　　本文以為應採否定見解，蓋第 756 條之 1 已明文揭示受僱人損害賠償責任發生的原因，限於受僱人因職務上行為而應對他方負損害賠償責任，不包括因受僱人不履行債務而應對他方負損害賠償責任。比較民法第 739 條及第 756 條之文字用語即可得此結論。假設雙方有特別約定人事保證人亦應代替受僱人負債務不履行損害賠償責任時，這個約定將被認定是第 739 條的保證，變成是一個保證與人事保證的混合契約。惟此時保證人僅有給付金錢之義務，而無代受僱人服勞務之義務。例如受僱人（債務人）於僱傭契約期滿前離職，致使僱用人遭受損害，僱用人（債權人）僅得請求保證人代負金錢損害賠償責任，不得要求保證人代受僱人繼續服勞務至僱傭契約期滿為止。

　　又，人事保證是雙方約定，一方於他方之受僱人「將來」因職務上之行為而應對他方為損害賠償時，由其代負賠償責任。因此，在人事保證成立時，受僱人對他方當事人之損害賠償債務，並不在人事保證所擔保之範圍內。須人事保證成立後，受僱人始對他方當事人負有損害賠償責任時，始生人事保證責任之問題。若人事保證中有特別約定，一方於他方之受僱人過去曾發生對他方之損害賠償責任，亦代負賠償責任，該約定仍生效力。最高法院 79 年臺上字第 2015 號判例要旨「所謂職務保證，乃保證人與僱用人約定，將來被保人之職務行為致生損害於僱用人時，由保證人負賠償責任之從契約。其效力僅向將來發生。當事人間如無特別約定，對於僱用人於訂約時，業已發生之損害，保證人不負賠償責任」。因此，若當事人間有特別約定，保證人就訂約時業已發生之損害亦負保證責任，仍從其約定。

第二節 ｜ 人事保證之性質

▶ 壹、人事保證之從屬性

人事保證之性質為損害擔保契約或特殊之保證，學說上有所爭議❸。加以釐清之實益在於，當受僱人之職務上行為對僱用人造成損害，而受僱人對僱用人不成立損害賠償責任之情形，例如受僱人欠缺故意或過失，人事保證人是否仍對僱用人負損害賠償責任之問題：假若認為人事保證為一損害擔保契約，則人事保證人仍應對僱用人負損害賠償責任；假若認為人事保證為一特殊之保證，則因主債務人無損害賠償責任，欠缺主債務的存在，人事保證人當然不負保證責任。

關於這個問題，民法債編修正會議曾有相關討論：「職務保證係指保證人對於因被保證人之職務行為致損害於僱用人時，應負之獨立損害賠償責任之契約，且受僱人係經濟上弱者，人事保證目的在使僱用人能獲得賠償，故人事保證人不具有先訴抗辯權，係獨立債務，無所謂主從債務之問題。因此，兩者性質不同，自宜獨立設專節規定」❹。似乎認為人事保證人之損害賠償責任，不以受僱人對僱用人之損害賠償債務存在為前提，僅受僱人職務上行為與僱用人之損害有相當因果關係，人事保證人即負有損害賠償責任，受僱人有無故意過失、是否對僱用人負損害賠償責任，並非所問。也就是說，這個修正會議認為人事保證是一獨立之損害負擔契約，非保證契約類型，不管受僱人職務上行為造成他方之損害是出於故意或過失，或者根本就沒有過失，人事保證人都要負損害賠償責任。

---

❸ 關於損害擔保契約與保證之不同，可參見第一章第三節。

❹ 法務部民法修正委員會第 1011 次、1017 次、1057 次、1067 次會議紀錄。轉引自楊淑文，前揭文，頁 2。

　　民法第 756 條之 1 修正理由亦有對人事保證性質之相關論述，但修正理由本身有相矛盾之處。修正理由謂：「一般所稱之人事保證，或稱職務保證，乃是就僱傭或其他職務關係中將來可能發生之債務所為具有繼續性與專屬性，而獨立負擔損害賠償責任之一種特殊保證」❺。又謂「人事保證係獨立契約而非從契約，與一般保證性質不同，不能全部適用一般保證之規定」。似乎認為人事保證債務並非從屬於受僱人對僱用人之損害賠償責任，而是一獨立之債務，卻又以「特殊保證」稱之，用語有所矛盾。蓋從屬性為保證契約之本質，既然認為人事保證非具從屬性，不宜認為人事保證是一種保證之類型。此外，修正理由又謂「代負賠償責任似可表彰傳來責任而非固有責任之意」❻。似乎又認為，人事保證人之損害賠償責任，並非基於人事保證而生之固有責任，而是代受僱人對僱用人負損害賠償責任。若受僱人對僱用人無損害賠償責任存在，人事保證人亦無「傳來責任」可言。

　　探究民法第 756 條之 1 第 1 項規定，人事保證人是代負賠償責任，自文義解釋人事「保證」用語，應認為人事保證仍為保證之一種，仍具保證本質。況且人事保證人是「代」負賠償責任，應認為人事保證仍然是具有從屬性之一種保證類型。至於修正理由中稱人事保證人「獨立負擔損害賠償責任」，應是為了與共同侵權連帶責任加以區別❼。即使人事保證人對僱用人之損害，無與有相當因果關係行為，或者欠缺故意或過失，仍應負契約上損害賠償責任，而非認為人事保證債務具有獨立性。而稱人事保證是「獨立契約」而非從契約，是指契約成立上，人事保證因僱用人與人事保證人意思表示合致而成立，非僅因僱傭契約成立而附隨性地成立。獨立契約之用語僅是為了彰顯，人事保證與僱傭契約為二個獨立存在之契約，人

---

❺　法務部研究修正委員會第 1010 次至第 1017 次會議討論草案，頁 8。轉引自楊淑文，前揭文，頁 7。

❻　法務部研究修正委員會第 1010 次至第 1017 次會議討論草案，頁 128。轉引自楊淑文，前揭文，頁 7〜8。

❼　參見民法第 185 條規定。

事保證責任是基於人事保證而生，非直接基於僱傭契約而生。人事保證責任仍從屬於受僱人之損害賠償責任。因此，應該認為民法第 756 條之 1 的人事保證，本質上仍然是一種保證，而非損害擔保契約❽。

▶ 貳、人事保證為要式契約

民法第 756 條之 1 第 2 項規定，人事保證契約應以書面為之。若未以書面為之，依民法第 73 條規定，契約無效。蓋人事保證是一片務且無償之契約，立法者為警惕人事保證人，於成立契約前應小心謹慎。該項規定於民國 89 年 5 月 5 日始施行，原則上不溯及適用於施行前成立之人事保證。民法債編施行法第 35 條特別規定，於施行日前成立之人事保證亦適用新法之規定，則施行日前僅有口頭合意而未依書面方式成立之人事保證，於施行日後是否自始不生效力？這個問題原則上應是肯定的，因為法律已經特別規定新修正的法律溯及適用。但這樣的結果將可能影響到人民既有的財產權，因此實務上又認可某些例外情形下不溯及適用新法，使得在新法修正前某些僅以口頭成立的人事保證在修法後仍然有效成立。關於這部分的論述，可參閱本章第三節「人事保證期間之強行規定」。

▶ 參、人事保證為片務、無償之契約

人事保證是一種特殊之保證，但仍然跟一般保證一樣，是一種片務契約，僅人事保證人對僱用人負有主給付義務，代受僱人負損害賠償責任，僱用人對人事保證人無主給付義務。民法第 756 條之 5 雖有規定僱用人之通知義務，僅為僱用人之對己義務，若有違反僅生減輕保證人賠償責任之

---

❽ 亦有學者認為，人事保證人係無償的對債權人負擔債務，若將人事保證解釋為是損害擔保契約，則只要受僱人的行為與債權人的損害具有相當因果關係，人事保證人就要負保證責任，無疑擴大了人事保證人的責任範圍。為避免對人事保證人過苛，應認為人事保證是一種「保證」而非損害擔保契約。可參閱廖家宏，〈論債編增訂之人事保證契約的性質——獨立性或從屬性?〉，《法律評論》，第 66 卷第 10～12 期合刊，2001 年 2 月，頁 23。

效果❾，並非僱用人之對待給付義務之規定。此外，人事保證是一無償契約，受僱人對僱用人負有賠償義務時，人事保證人即代負賠償責任，不得對僱用人請求支付對價。惟人事保證人代負賠償責任後，得向受僱人求償。

◉ 肆、人事保證與誠實保險

人事保證是一從契約已如前述，人事保證債務之成立以受僱人之損害賠償債務存在為前提。而誠實保險並非從契約，為獨立之保險債務。保險法第 95 條之 1 規定，保證保險人於被保險人因其受僱人之不誠實行為所致損失，負賠償責任。換言之，僅須受僱人之不誠實行為與僱用人（被保險人）之損失間具有相當因果關係，保險人即有填補僱用人損害之義務，不論受僱人對僱用人是否有損害賠償債務之存在。

第三節 ｜ 人事保證期間之強行規定

◉ 壹、人事保證期間之規定

人事保證是一擔保將來債務之保證，蓋人事保證成立時，尚未發生受僱人對僱用人之賠償責任。受僱人之賠償責任將來是否發生，以及如何發生均處於不確定狀態。為減輕該不確定狀態對保證人之不利益，契約當事人會就人事保證期間加以約定，藉以特定人事保證債務之範圍，保證人僅在約定期間內發生之受僱人賠償責任，負人事保證責任。

基於私法自治原則，人事保證債務範圍原應由當事人自行約定。惟基於保護人事保證人之目的，避免負有無償給付義務之人事保證人負擔過重，民法第 756 條之 3 第 1 項設有例外規定「人事保證約定之期間，不得逾三年。逾三年者，縮短為三年。」若人事保證未定期間者，民法第 756 條之 3

---

❾　參見民法第 756 條之 6 第 1 款規定。

第 3 項規定，自成立之日起有效期間為三年。

人事保證期間屆滿前，依同條第 2 項規定，當事人得**更新期間**。所謂更新期間，是指當事人合意重新計算契約之有效期間，也就是說，保證人跟債權人都同意自某個時點開始重新計算人事保證的期間。例如原人事保證期間約定為 97 年 1 月 1 日至 99 年 12 月 31 日，為期三年；97 年 5 月 1 日，雙方當事人合意自當日起更新保證期間，自當日開始計算三年期間，也就是人事保證期間將存續至 100 年 4 月 30 日。結果如同原人事保證存續期間自 97 年 1 月 1 日至 100 年 4 月 30 日，雖超過三年，仍未違反第 756 條之 3 第 1 項之規定。蓋更新後之人事保證期間，自更新時起算未逾三年即可。

此外，契約之更新必須在原契約存續期間內為之，若原契約約定或法定存續期間已屆滿，契約即歸消滅，自無更新期間可言。若雙方當事人仍合意為更新意思表示，法理上應解釋為重新訂立人事保證契約，此新契約與原契約已不具同一性。再者，契約雙方當事人意思表示合致時始生更新之效力，若一方發出更新要約，他方未明示或默示承諾之，或僅單純沉默不為任何表示，自不生更新效力。

有疑者在於，人事保證中記載**自動更新條款**之效力為何？所謂自動更新條款，是指雙方約定，於特定客觀事實發生之情形下，即自動發生期間更新之效力，不待當事人為任何意思表示。例如約定存續期間自 97 年 1 月 1 日至 99 年 12 月 31 日，為期三年，且自 100 年 1 月 1 日起，契約自動更新存續期間至 103 年 12 月 31 日。自動更新條款於人事保證中應解釋為無效，否則如同架空第 756 條之 3 第 1 項保護人事保證人之規定。同條第 3 項僅限於人事保證人有機會重新決定是否延長保證期間之情形下所訂定之更新條款，始生效力；在締結人事保證之初始即存在之自動更新條款，實質上亦剝奪人事保證人重新思考決定是否更新契約之機會。因此，第 756 條之 3 第 3 項之規定，應予以限縮解釋，也就是說，當事人雙方重新協商是否更新人事保證期間並且同意，才可以依照第 756 條之 3 第 3 項合法更新期間；若是約定期滿後自動更新的約款，不合於第 756 條之 3 第 3 項的規定。

▶ 貳、債編新修條文之溯及適用

　　人事保證期間之強行規定於民國 89 年 5 月 5 日始施行,且依民法債編施行法第 35 條,溯及適用於施行日前成立之人事保證。例如於 85 年 1 月 1 日成立之人事保證,約定之保證期間為十年。溯及適用新修正第 756 條之 3 之結果,該人事保證自契約成立之日起算三年,於 87 年 12 月 31 日期滿後即消滅,於施行日或施行日以後發生受僱人對僱用人之損害賠償責任,亦無人事保證責任存在。

　　然而有疑問在於,施行日前成立之人事保證自契約成立已逾三年後,且於施行日前發生受僱人之損害賠償責任時,是否仍溯及適用新法而使既已發生之人事保證責任歸於消滅?有認為落實保障人事保證人之立法目的,且自債編施行法第 35 條文義解釋,一律溯及適用,不區分人事保證責任發生於施行日前或後。但如此解釋,將造成對僱用人極不利之結果,剝奪僱用人既得之契約上權利,亦破壞法律安定狀態。例如 85 年 1 月 1 日成立之人事保證,約定在僱傭存續期間內負人事保證責任。至 88 年 1 月 1 日時,受僱人對僱用人負損害賠償責任,僱用人基於契約而對保證人享有之損害賠償請求權,因 89 年 5 月 5 日新增訂之第 756 條之 3 之規定溯及適用之結果,而自始不存在。已為損害賠償給付之人事保證人,又得依不當得利之規定請求僱用人返還所為之給付,破壞既有之法秩序安定狀態。況且,僱用人依原來法律之規定(締約時民法之規定),正當信賴其約定為有效而生之利益,應予以適當之保障;在修正施行前,如已有保證人應負保證責任之事由發生,保證人之賠償責任即告確定,不能因嗣後法律變更而剝奪其既有之權利(請求保證人代負損害賠償責任之權利)**❿**。

---

❿　參見最高法院 95 年臺上字第 223 號判決之判決要旨「人事保證約定之期間,不得逾三年。逾三年者,縮短為三年;人事保證未定期間者,自成立之日起有效期間為三年,民國八十八年四月二十一日修正公布,八十九年五月五日施行之民法第七百五十六條之三第一項及第三項分別定有明文。上開規定,依民法債編施行法第三十五條規定,於民法債編修正施行前成立之人事保證亦適用

最高法院 95 年度第三次民事庭會議⓫即認為應限縮適用民法債編施行法第 35 條，蓋民法債編修正施行前成立之人事保證，當事人正當信賴其約定為有效而生之利益，應予以適當之保障；故在修正施行前，如已有保證人應負保證責任之事由發生，保證人之賠償責任即告確定，不能因上開修正規定之施行，而溯及消滅。換言之，施行前成立之人事保證，約定之保證期間逾三年，而至施行日時期間尚未屆滿且已滿三年；或未定期間，而於民法債編修正施行之日成立已滿三年者，均應認至民法債編修正施行之日，契約始失其效力。

第四節 ｜ 人事保證之效力

之，此乃法律不溯既往原則之例外規定。惟於民法債編修正施行前成立之人事保證，其約定之保證期間逾三年或未定期間者，當事人依原來法律之規定，正當信賴其約定為有效而生之利益，應予以適當之保障，故在修正施行前，如已有保證人應負保證責任之事由發生，保證人之賠償責任即告確定，不能因上開修正規定之施行，而使其溯及的歸於消滅。」

⓫ 最高法院 95 年度第三次民事庭會議「人事保證約定之期間，不得逾三年。逾三年者，縮短為三年。人事保證未定期間者，自成立之日起有效期間為三年。民國八十八年四月二十一日修正公布，八十九年五月五日施行之民法第七百五十六條之三第一項、第三項定有明文。上開規定，依民法債編施行法第三十五條規定，於民法債編修正施行前成立之人事保證，亦適用之。惟於民法債編修正施行前成立之人事保證，當事人正當信賴其約定為有效而生之利益，仍應予以適當之保障；故在修正施行前，如已有保證人應負保證責任之事由發生，保證人之賠償責任即告確定，不能因上開修正規定之施行，而使其溯及的歸於消滅。是民法債編修正施行前成立之人事保證，其約定之保證期間逾三年，而至民法債編修正施行之日成立已滿三年但尚未屆期；或未定期間，而於民法債編修正施行之日成立已滿三年者，均應認至民法債編修正施行之日，契約始失其效力」。

⏵ 壹、準用保證之規定

一、關於保證人義務之規定

人事保證為特殊之保證，與保證相同，具有從屬性、補充性與獨立性。民法第 756 條之 9 規定，人事保證除本節有規定者外，準用關於保證之規定。人事保證之成立亦從屬於所擔保之主債務，以受僱人對僱用人之損害賠償債務存在為前提，此自第 756 條之 1 第 1 項規定文義解釋自明。而第 743 條主債務因行為能力之欠缺而無效，保證仍有效成立之例外規定，於人事保證應無準用之餘地。蓋人事保證人是擔保受僱人之事實行為所生損害賠償債務，與行為能力無關❷。其他關於保證債務從屬性之規定，例如第 740 條及第 741 條之規定，均有準用。

二、關於保證人權利之規定

保證人得主張之權利，例如第 742 條之抗辯權、第 744 條之拒絕清償權，於人事保證中均有準用。至於第 742 條之 1 保證人得以主債務人對債權人之債權主張抵銷之規定，雖亦有準用，應注意民法第 339 條之例外規定。該例外規定，因故意侵權行為而負擔之債，其債務人不得主張抵銷。例如受僱人於執行職務時故意侵害僱用人之權利，而對僱用人負損害賠償債務，受僱人仍不得以僱用人對自己之債務，例如薪資給付義務，而主張抵銷。則人事保證人自不得準用第 742 條之 1 主張抵銷人事保證債務。

此外，關於保證人之先訴抗辯權之規定，人事保證一節中已規定於第 756 條之 2 第 1 項，故無再準用第 745 條規定。然而有疑問在於第 746 條先訴抗辯權之例外規定，於人事保證有無準用？首先，第 746 條第 2 款至

---

❷　也就是說，受僱人的侵權行為損害賠償責任的成立，並非以受僱人具有行為能力為要件。只要受僱人的行為與債權人（僱用人）的損害具有相當因果關係，且受僱人係故意或過失為該行為，且不具有阻卻違法事由存在，受僱人於行為時亦具有罪責能力，侵權行為即告成立。因此，不會有因為受僱人（債務人）欠缺行為能力而主債務（侵權行為損害賠償責任）因而無效的情形。至於行為能力的有無，是行為人為了作出一個法律行為所為的意思表示，在法律上是否有效的要件之一。

第 4 款列舉之情形，均可解釋為第 756 條之 2 第 1 項「僱用人不能依他項方法受賠償」之情形，因此，當有第 746 條第 2 款至第 4 款列舉之事由發生於人事保證中，人事保證人得直接依第 756 條之 2 第 1 項規定，抗辯自己的保證責任在法律上並未發生。

產生疑問者應在於，人事保證人得否準用第 746 條第 1 款規定拋棄第 756 條之 2 先訴抗辯權？關於此問題實務曾有判決採肯定見解，認為民法有關人事保證之規定，並未排斥於契約約定拋棄先訴抗辯權之效力，人事保證人自得拋棄先訴抗辯權❸。本書則持否定見解，蓋民法雖未有明文禁止人事保證人拋棄第 756 條之 2 之權利，自其他條文解釋之結果，亦可得出禁止拋棄先訴抗辯權之結論：依第 756 條之 9 準用第 739 條之 1 之規定，人事保證人之權利原則上不得預先拋棄，當然包括先訴抗辯權在內；此外，人事保證應無第 746 條例外規定之準用。蓋第 756 條之 9 已明文規定，人事保證一節未規定之事項始準用保證之規定，而人事保證人之先訴抗辯權已有特別規定。因此，人事保證人縱為拋棄第 756 條之 2 之權利，所為之拋棄意思表示仍然無效，僱用人於無法白受僱人獲償時，始得請求人事保證人履行保證責任。因此，當人事保證契約中有類如「人事保證人不得主張先訴抗辯權」的約款，應依第 756 條之 9 準用第 739 條之 1，認為該約款違反法律強行規定，依民法第 71 條規定為無效。

三、關於保證人承受原債權之規定

人事保證人代負賠償責任後，得依委任契約或無因管理之規定向受僱人求償外，依第 756 條之 9 準用第 749 條，承受原僱用人對受僱人之損害賠償債權。

▶ 貳、人事保證之特殊規定

一、人事保證人之責任上限

人事保證人之賠償責任範圍應依雙方契約而定。若契約中未特別載明，僅約定人事保證人應代受僱人負損害賠償責任，應認為是就全部損害賠償

---

❸　臺灣臺中地方法院 88 年度訴字第 2611 號判決。

責任負責。然而民法第 756 條之 2 第 2 項對人事保證人之賠償總額有特別規定。該項規定，保證人依前項規定負賠償責任時，除法律另有規定或契約另有訂定外，其賠償金額以賠償事故發生時，受僱人當年可得報酬之總額為限。例如受僱人甲年薪為六十萬元，因職務上行為疏失對僱用人乙負一百萬元損害賠償責任。乙與人事保證人丙之契約僅約定丙代甲負損害賠償責任，保證人丙仍僅在六十萬元範圍內，對乙負賠償責任。若乙、丙間契約有特別約款排除該條第二項之適用，例如特別載明人事保證人就受僱人「全部」損害賠償責任代負其責，則人事保證人應依約代負全部之損害賠償責任。蓋第 756 條之 2 第 2 項仍屬任意規定。第 756 條之 2 第 2 項是人事保證人責任上限之特別規定，不適用於受僱人之損害賠償責任。受僱人仍應就超出所得報酬額度外之損失負賠償責任。

二、僱用人之通知義務

依民法第 756 條之 5 第 1 項規定，有下列情形之一者，僱用人應即通知保證人：第 1 款規定，僱用人依法得終止僱傭契約，而其終止事由有發生保證人責任之虞者。例如受僱人甲受僱於乙保全公司，擔任司機為乙公司運送鈔票。乙、丙另行成立人事保證，擔保甲三年內誠實實施職務上行為。今甲與另一員工丁共謀於運送鈔票途中製造假搶案，以遂竊取巨額現鈔之目的。乙公司之戊員工無意間得知甲之計畫，並告知乙公司之管理階層。乙公司依民法第 489 條第 1 項規定，以甲欲監守自盜為由終止甲、乙間之僱傭契約。且該重大之終止事由之事實若實現，將發生人事保證責任，乙公司負有通知人事保證人之義務。

同項第 2 款規定，受僱人因職務上之行為而應對僱用人負損害賠償責任，並經僱用人向受僱人行使權利者。例如受僱人甲受僱於乙公司擔任司機，且乙公司與丙成立人事保證，擔保三年內甲誠實實施職務行為。某日，甲上班前服用藥物因而產生昏睡，撞毀公司之貨車及路人。乙公司因而向甲請求損害賠償，惟並未將甲解僱。依民法第 756 條之 5 第 1 項第 2 款規定，乙公司向甲行使損害賠償請求權，應通知人事保證人，使人事保證人得依同條第 2 項規定終止人事保證。蓋受僱人既曾對僱用人生損害賠償責

任，僱用人仍決定繼續與之維持僱傭關係，不應由人事保證人繼續代負將來受僱人之損害賠償責任。僱用人自己亦應負擔選任受僱人之風險。

同項第 3 款規定，僱用人變更受僱人之職務或任職時間、地點，致加重保證人責任或使其難於注意者。例如對員工調職，僱用人應通知人事保證人，使保證人有終止人事保證之機會。然而職務上之調動並非當然使僱用人負有通知義務，因調職致加重保證人責任或使其難以注意，僱用人始有通知之義務。蓋人事保證人是考量受僱人職務之內容、工作場所等因素而決定與僱用人成立片務且無償之人事保證。若僱用人事後將受僱人調職，提高受僱人產生損害賠償責任之風險，同時亦提升發生人事保證責任之風險，人事保證人卻無及時終止人事保證之機會，對保證人之權益影響甚大。因此，調職之結果若未導致人事保證責任之加重或使保證人難以注意，人事保證人無終止契約之權利，自無受通知之必要。實務上曾有判決認為，受僱人雖經調職，工作內容與原職務相同而無實質改變，且人事保證人可得知該職務調動之事實時，僱用人無通知義務❶❹。

此處所指之調職，是受僱人與原僱主仍繼續原僱傭關係，僅受僱人擔任之職務有所變動而言。若公司將受僱人調往他關係企業❶❺執行職務，僱傭關係有無變動應視實際情形而定：可能解釋為原僱傭契約終止消滅，受僱人與關係企業另成立僱傭關係。此時人事保證隨原僱傭契約之終止而消滅，固不生民法第 756 條之 5 之問題；此外，亦可能解釋為僱傭關係並未生變動，僱用人與受僱人之僱傭關係繼續存在，僅受僱人之工作內容變更為「為關係企業服勞務」。

若調職之結果原僱傭契約未生變動之情形下，人事保證中類如「將來受僱人受調職至其他關係企業，人事保證人仍應對關係企業負保證責任」之約款效力為何？首先，當事人意思表示一致即成立契約，雙方均受拘束。

❶❹ 臺灣高等法院 88 年重上字第 329 號判決。

❶❺ 關係企業係指二以上獨立存在、具有公司法第 369 條之 1 列舉情形之企業。關係企業彼此為不同法人格之法人，其中一企業與他人成立人事保證，他關係企業並不當然受拘束。

因此，當受僱人對關係企業負損害賠償責任，「人事保證人」即應按約定負賠償責任。惟該賠償責任之性質並非人事保證責任，僅得解釋為一獨立於人事保證之利益第三人契約責任。蓋人事保證人，依民法第 756 條之 1 第 1 項規定，代負「契約他方之受僱人」對「他方」之損害賠償責任。因此，約定他方之受僱人對「他方以外第三人」之損害賠償責任，由一方代負賠償責任，性質上並非人事保證責任。又，該約款係「人事保證人」與僱用人間意思表示合致而拘束雙方，關係企業並非意思表示之一方，未與人事保證人之意思表示合致，自無與之有契約關係存在。惟基於該約款，非契約一方之關係企業得請求「人事保證人」代負履行責任，可認為該約款性質上是一利益第三人契約。

除了受僱人調職可能產生通知義務之問題外，定期勞動契約轉變為不定期勞動契約之情形，亦可能解釋為受僱人任職時間變更致加重保證人責任。勞動基準法第 9 條第 2 項規定，定期契約屆滿後，有下列情形之一者，視為不定期契約：一、勞工繼續工作而僱主不即表示反對意思者。二、雖經另訂新約，惟其前後勞動契約之工作期間超過九十日，前後契約間斷期間未超過三十日者。為定期僱傭契約為人事保證之人，於原僱傭契約期間屆滿後，繼續擔保不定期之僱傭契約，是否可解釋為加重保證責任，應視情形而定。假設人事保證期間約定為自僱傭契約成立之日時起三年，而僱傭契約約定為二年，即便將來僱傭契約期滿而成為不定期僱傭契約，人事保證人本應繼續負人事保證責任至原僱傭契約成立之日起三年，並未因而延長人事保證責任期間，亦未加重保證責任。假設人事保證期間約定為「僱傭關係存續期間」保證人均負保證之責，而原定為期二年之僱傭契約屆滿後成為不定期僱傭契約，致人事保證人須繼續負保證責任至僱傭契約消滅或自僱傭契約成立之日起三年，可認為保證責任因僱傭契約轉成不定期契約繼續存在而加重。僱用人此時有民法第 756 條之 5 之通知義務。

僱用人知有第 756 條之 5 第 1 項所列舉之情形時，應立即通知人事保證人。惟未履行通知義務，人事保證人仍不得請求損害賠償，蓋僱用人之通知義務性質上僅為一對己義務。民法第 756 條之 6 第 1 款規定，僱用人

未履行通知義務時，法院得減輕保證人之賠償金額或免除之。是特別對不履行第 756 條之 5 通知義務之法律效果加以規定，人事保證人僅得主張減輕或免除賠償責任。

三、僱用人之選任監督義務

受僱人對僱用人生有損害賠償責任，且僱用人對受僱人之選任監督有疏懈時，依民法第 756 條之 6 第 2 款規定，人事保證人得向法院請求裁定減輕或減免保證責任。蓋僱用人自己在選任監督受僱人時有疏失，不應將全部之損害賠償責任加諸於人事保證人。若認為人事保證人應負全部賠償責任，僱用人相較易疏於指揮監督或選任，且如同由無法監督選任受僱人之人事保證人負擔選任監督之責任。因此，應由僱用人自己承擔選任及監督疏失造成之損害。

此外，民法第 756 條之 6 第 2 款所設僱用人對受僱人之選任或監督有疏懈者，法院得減輕保證人賠償金額或免除之規定，乃人事保證人獨立享有之權利，非與主債務人所共同擁有者，其減免之對象，亦僅為人事保證人之賠償金額，而非主債務人之金額，初與同法第 217 條第 1 項被害人（主債務人）與有過失之減免規定未盡相同 ❖。因此，受僱人對僱用人生損害賠償責任時，不得主張本款規定而請求減免或減輕損害賠償責任額。

四、人事保證請求權之消滅時效

民法第 756 條之 8 規定，僱用人對保證人之請求權，因二年間不行使而消滅。該二年之起算點，依民法第 128 條規定，應自請求權可行使時起算。而人事保證請求權得行使之時點，依第 756 條之 2 第 1 項，以僱用人不能依他項方法受賠償時，僱用人始得請求履行保證責任。因此，人事保證請求權消滅時效，應自僱用人不能受賠償之事實發生時起算。例如民國 97 年 1 月 1 日受僱人對僱用人生五十萬元損害賠償責任，受僱人當時有一百萬元財產。97 年 1 月 3 日僱用人起訴請求受僱人賠償，於同年 12 月 1 日取得執行名義。惟同年 6 月 1 日時受僱人散盡家產而宣告破產，未留下任何財產。此例中應認為僱用人於 6 月 1 日時即得行使人事保證請求權，蓋

❖ 參照最高法院 96 年臺上字第 1471 號判決之判決要旨。

僱用人自受僱人破產時起已無法自受僱人獲得賠償。

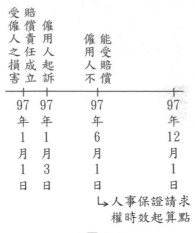

▲圖 6-2

　　僱用人得行使請求權之時點，係無法自受僱人獲得賠償之客觀事實發生時，至於僱用人主觀是否知悉該事實，並非所問。因此，即便僱用人不知該客觀事實已發生，仍不影響請求權消滅時效之進行，將對僱用人之權益有所影響。也就是說，當僱用人難以知悉受僱人之財產狀況之情形下，又以「無法自受僱人獲得賠償」之時為僱用人的保證請求權消滅時效起算點，結果可能使得僱用人不知道自己何時可以行使權利，法律上卻已經開始計算僱用人可以行使權利的法定期間。因此，未來應對人事保證請求權消滅時效之規定加以修正，例如以「僱用人知悉不能自受僱人獲得賠償之時」為消滅時效起算時點。

第五節｜人事保證之消滅

⊙ 壹、保證人之法定終止權

　　未定期間之人事保證，依民法第 756 條之 4 第 1 項規定，保證人得隨時終止契約。而人事保證人依此項規定終止契約，依同條第 2 項規定，應於三個月前通知僱用人。但當事人約定較短之期間者，從其約定。此外，人事保證未定期間者，且自契約成立之日起已逾三年，依同法第 756 條之 3 第 3 項及第 756 條之 7 第 1 款規定，人事保證已消滅，自無終止契約之問題產生。

　　至於定有期間之人事保證，保證人不得任意終止契約，僅於特定事由發生時，有終止契約之權利。所謂特定之事由，是指第 756 條之 5 第 1 項列舉之情形之一發生，且保證人受僱用人通知或以其他方法得知該情形。此時依民法第 756 條之 5 第 2 項規定，保證人得終止契約。

⊙ 貳、法定消滅事由

　　人事保證除因保證人終止而消滅外，民法第 756 條之 7 尚列舉四款人事保證消滅之法定事由。第 1 款規定，保證之期間屆滿，人事保證消滅。人事保證之期間原則上依當事人約定而定，但依第 756 條之 3 第 1 項規定，不得超過三年。若約定之期間超過三年，縮短為三年。亦即自契約成立之日起或自更新之日時起三年，人事保證即告消滅。第 756 條之 7 第 1 款之規定不僅適用於定有期間之人事保證。未定期間之人事保證，依第 756 條之 3 第 3 項規定，自契約成立之日起有效期間為三年，若已屆滿三年，人事保證仍然消滅。

　　第 756 條之 7 第 2 款規定，保證人死亡、破產或喪失行為能力，人事

保證消滅。同條第 3 款規定，受僱人死亡、破產或喪失行為能力，人事保證消滅。然而有疑問在於，保證人於人事保證責任發生後始死亡、破產或喪失行為能力，或受僱人對僱用人生損害賠償責任後始死亡、破產或喪失行為能力，人事保證是否仍消滅？關於此問題應採否定之見解，蓋人事保證責任既已確定發生，不應僅因保證人死亡、破產或喪失行為能力而消滅，否則將侵害僱用人之既得權利。第 756 條之 7 第 2 款及第 3 款應予以限縮解釋，僅限於人事保證責任尚未發生而保證人、受僱人死亡、破產或喪失行為能力時，始有適用。

　　同條第 4 款規定，受僱人之僱傭關係消滅，人事保證消滅。蓋僱傭關係若已消滅，即無發生職務上行為生損害賠償責任之可能，人事保證責任亦確定地不發生。此外，該款亦應限縮解釋，僅尚未發生人事保證責任而僱傭關係消滅之情形，始有適用。

▶ 參、保證規定之準用

　　一般保證之消滅事由規定於民法第 751 條至第 755 條。其中第 754 條之規定，不準用於人事保證中，蓋未定期間之人事保證之終止於第 756 條之 4 已有特別規定，僅人事保證一節未規定之事項始準用保證之規定。而第 755 條適用於擔保定有期限債務之保證，此與擔保受僱人將來對僱用人之損害賠償責任之人事保證，性質不同，應無準用於人事保證。而民法第 751 條之規定有準用於人事保證中。若僱用人對受僱人之損害賠償債權有擔保物權，而僱用人拋棄該擔保物權時，人事保證人於拋棄權利之限度內免其責任。

　　至於民法第 752 條之規定「約定保證人僅於一定期間內為保證者，如債權人於其期間內，對於保證人不為審判上之請求，保證人免其責任。」有無準用於人事保證則有爭議。本文以為應視具體情形認定之。探究第 752 條之立法目的，應是為避免法律關係之不確定狀況而對保證人產生不利益，盡早確定債權人有無請求履行已確定發生之保證債務之意思。人事保證亦為約定保證人僅於一定期間內為保證之保證，但保證債務並未確定是否發

生，僱用人無從為審判上請求，第 752 條之規定並無準用。況且人事保證期間經過後，均無發生受僱人之損害賠償債務，人事保證即因期間屆滿而消滅，無需再準用第 752 條。然而，人事保證中若約定「受僱人應於人事保證責任確定發生後一個月內向人事保證人為審判上之請求」，而人事保證責任確定發生後，僱用人未按期為審判上請求時，應有第 752 條之準用，人事保證人免其責任。蓋人事保證人與保證人有同受第 752 條保護之必要，若保證債務已確定發生，雙方又有約定僅在一定期間內負保證責任，應與保證相同處理。第 752 條「約定保證人僅於一定期間內為保證者」，準用於人事保證時並非指「人事保證之存續期間」，應解釋為「約定人事保證人僅在人事保證確定發生後一定期間內負保證責任者」。

最後，民法第 753 條之規定「保證未定期間者，保證人於主債務清償期屆滿後，得定一個月以上之相當期限，催告債權人於其期限內，向主債務人為審判上之請求。債權人不於前項期限內向主債務人為審判上之請求者，保證人免其責任。」於人事保證責任確定發生後，亦有準用於人事保證。例如人事保證約定保證期間二年，於第二年發生人事保證責任，且未約定僱用人應於一定期間內向保證人為審判上請求時。第 753 條「保證未定期間者」，於準用人事保證時，應解釋為「未有約定人事保證人僅在人事保證確定發生後一定期間內負保證責任者」，而非指「人事保證之存續期間」。

chapter **07**

其他實務上常見之
債權擔保

第一節｜工程保證

▶ 壹、工程保證之意義

　　在一個承攬工程法律關係下，定作人有請求承攬人在約定期限內完成約定內容或品質之工作之權利，而承攬人有請求定作人依約定給付報酬之權利。定作人為確保承攬人對自己債務之履行，或承攬人為確保定作人對自己債務之履行，會要求契約他方提供擔保。而工程保證即為一種債權擔保之方法，擔保定作人對承攬人之債權，確保承攬人於約定期限內完成約定內容之工作。若承攬人未能在約定期限內完成約定內容之工作，保證人應代負履行責任，由其繼續完成剩餘之工作，或者由其代承攬人負損害賠償責任❶。

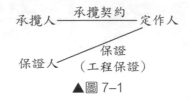

▲圖 7-1

　　若工程保證約定承攬人不履行債務，由保證人代為履行債務時，將來保證人果真進場繼續施工，與定作人間之法律關係仍為保證，無承攬契約關係存在。蓋保證人僅代承攬人繼續履行其與定作人間之承攬契約，而定

---

❶ 民法第 739 條規定「稱保證者，謂當事人約定，一方於他方債務人不履行債務時，由其代負履行責任之契約」，其中所謂「代負履行責任」非僅指負代為履行之債務（如本件代其完成工程），亦包括就債務人債務之履行或不履行代負其責之意。可參閱王澤鑑，《民法學說與判例研究㈥》。此外，臺灣高等法院 90 年重上字第 564 號判決亦採納此見解。

作人是基於保證請求保證人進場施工。將來保證人將工程完工後，僅得向承攬人求償，不得向定作人請求給付報酬。

▶ 貳、工程保證與工程履約保證金

定作人得藉工程保證擔保自己對承攬人之債權外，亦得藉工程履約保證金❷之約定收擔保債權之效果。例如雙方約定，由承攬人先提出一定數額之金錢（保證金），用以擔保承攬人將來依債之本旨履行契約。將來承攬人不履行債務造成定作人損失，承攬人除應負損害賠償責任外，不得請求返還履約保證金。

基於契約自由原則，履約保證金之有無及其內容任由契約當事人自行約定。然而在政府機關辦理招標工程時，將來得標之廠商必須繳納保證金作為履約之擔保。從政府採購法第 30 條第 1 項規定觀察，原則上機關辦理招標，應於招標文件中規定投標廠商須繳納押標金；得標廠商須繳納保證金或提供或併提供其他擔保，僅在例外之情形，得不須繳納保證金或提供或併提供其他擔保❸。至於繳納保證金之方法，不以直接提出現金為限。依同條第 2 項規定，押標金及保證金應由廠商以現金、金融機構簽發之本票或支票、保付支票、郵政匯票、無記名政府公債、設定質權之金融機構定期存款單、銀行開發或保兌之不可撤銷擔保信用狀繳納，或取具銀行之書面連帶保證、保險公司之連帶保證保險單為之。

履約保證金之性質，除政府採購法已清楚將之定位為「履約之擔保金」外，在私契約中，隨當事人之約定內容而有不同。假如雙方約定將保證金作為「懲罰性違約金」，則該保證金具有擔保承攬人履行債務之功用；假如

---

❷ 關於履約保證金之性質、與保證之不同，可參閱本書第一章第三節「陸、履約保證金」。

❸ 例外情形係指政府採購法第 30 條第 1 項但書列舉之四種情形「一、勞務採購，得免收押標金、保證金。二、未達公告金額之工程、財物採購，得免收押標金、保證金。三、以議價方式辦理之採購，得免收押標金。四、依市場交易慣例或採購案特性，無收取押標金、保證金之必要或可能者。」

雙方約定將保證金作為「損害賠償之先付」，則該保證金不具有擔保承攬人履行債務之功用，僅擔保將來定作人之損害賠償請求權受部分清償。在「懲罰性違約金」之約款下，承攬人違約所造成定作人之損害，承攬人固然應完全填補外，尚須支付違約金以為懲罰。例如承攬人違約造成定作人一百萬元之損失，承攬人應負一百萬元賠償責任外，尚須支付約定額度之違約金予定作人；而「損害賠償之先付」之情形，例如約定承攬人先提供十萬元作為將來損害賠償總額之一部分，將來承攬人違約造成定作人一百萬元之損失，承攬人應負一百萬元之損害賠償責任。而該十萬元已支付在先，承攬人僅須再支付九十萬元予定作人。此種類型之履約保證金，並不具有擔保承攬人履約之功用，蓋其為損害賠償金之先付，為承攬人本然應給付之範圍，僅事先提出矣。此與懲罰性違約金，因具有懲罰之作用而得達到擔保履約之目的，有所不同。該性質之工程保證金僅用以確保將來定作人之損害賠償請求權可以受到部分之清償。

因此，當事人應事先注意承攬契約中之「履約保證金條款」實質內容究為懲罰性違約金或損害賠償之先付。前者之優點在於具有擔保履約之作用，後者之優點在於免去繁複之執行程序而可先獲得部分賠償，當事人得視具體所需加以運用。

此外，依雙方之意思表示可認為工程保證金是承攬人提供一定金錢予定作人占有，使定作人取得動產質權❹時，該工程保證金應是一種質物，定作人取得擔保物權。將來定作人退還工程保證金，如同拋棄動產質權，此時工程保證人得依民法第 751 條規定，就所拋棄限度範圍內免除保證責任。在最高法院 69 年臺上字第 2915 號判決中，被上訴人與上訴人穎興公

---

❹　依民法第 884 條規定，動產質權係指債權人對於債務人或第三人移轉占有而供其債權擔保之動產，得就該動產賣得價金優先受償之權。例如甲承攬一建造貨輪之工程，因堆放材料所需，向倉庫營業人乙成立寄託契約，約定乙提供場所置放該材料並加以保管，而甲應每月繳納寄倉費用。為擔保將來甲按約繳費，甲提供建造貨輪之材料以為質物，將來甲未履行繳納租金之義務，乙就該材料有優先受償之權。此時乙即取得材料之質權。

司（承包商）有一住宅工程承攬契約，其餘上訴人則為連帶保證人，對於上訴人穎興公司因履行合約及解約而生之一切義務，均負連帶責任。今上訴人穎興公司承包工程後因可歸責自己之事由不履行債務，所致被上訴人之損失包括：上訴人穎興公司之停工致被上訴人須自行支出費用繼續施工；穎興公司所建造之房屋現狀與圖說不符，被上訴人因而支出改善費；穎興公司逾期完工，依雙方承攬契約應繳納之罰款，以上共計一千二百三十四萬零二百五十元，被上訴人請求穎興公司及保證人連帶負損害賠償責任。

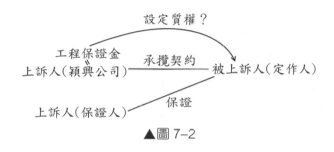

▲圖 7-2

上訴人（保證人）則抗辯，穎興公司曾提出予被上訴人之工程履約保證金具有動產質權（物）之性質，已經被上訴人退還，足見被上訴人拋棄擔保物權，保證人得依民法第 751 條規定，就所拋棄限度範圍內免除保證責任。原審法院認為被上訴人返還履約保證金，僅是為求工程之順利將保證金五十萬元發還穎興公司（另五十萬元是依契約發還），並非拋棄擔保物權。最高法院則採納上訴人之抗辯，認為該工程保證金，如其性質為一種質權，即不失擔保物權，依民法第 897 條第 1 項規定，被上訴人應穎興公司之請求退還保證金，即喪失其擔保物權，則上訴人主張保證人依民法第 751 條規定，就所拋棄限度範圍內免除保證責任，是否毫無足採，尤非無研究餘地。

最高法院認為工程履約保證金可能為一種質物，並非認為全部之工程保證金均為質物。承攬人提供保證金，是否有設定質權與定作人之意思，應視具體情形個案認定。承攬人有設定保證金質權予定作人之意思，而定作人亦有接受該質權之意思時，定作人始取得工程保證金質權。

▶ 參、工程保證與工程保證里程碑

在實務交易上，工程完工之期限包括總工程之完成期限，以及分段工作進度之完成期限。前者是指全部工作完成之期限，後者則是約定之工作進度，例如約定全部工作中之其中一件工作應於約定期限內完成，以使其他承攬人之工作得以順利施行。蓋定作人為完成一件工程，可能與數個不同專業領域之承包商簽訂承攬契約，由其分別完成各自之部分。而其中一承包商之工作，可能須待其他承包商自己負責之部分完工後，始能開始施行工程。例如興建一棟大樓，須待主體建築完成後，始得進行室內裝潢工程。此時定作人應就各承攬人之各件工作進度約定完工期限，避免其中一件工程之遲延連帶影響其他工程之施行或進度，不能僅約定各承攬人之總工程完成期限，否則承攬人雖「拖延」其中一件工作之進度，最後仍在完工期限內完成自己全部之工作，仍不構成違約，定作人因此產生之不利益，例如其他承攬人因而遲延進場施工對定作人請求損害賠償，或者定作人因整個工程之延宕之損失，僅能由定作人自己承擔，不得以承攬人不履行契約為由，向「拖延進度」之承攬人請求損害賠償。

而此種定作人與承攬人間關於工作完成期限之約定，包括全部工作之完成期限或部分工作完成期限，即為工程保證里程碑之約定，承攬人保證於約定之期限內完成約定之工作進度或全部工作❺。承攬人違反保證里程碑之約定而遲延工作時，自屬於未依契約之本旨履行契約，對因而產生損害之定作人應負損害賠償責任。惟雙方特別就違反之效果為約定時，例如約定承攬人遲延工程進度或遲延完工期日時，除應賠償定作人因而產生之損失外，更應支付定作人五十萬元違約金（懲罰性違約金）；或者約定承攬人遲延工程進度時，應負一百萬元之損害賠償責任❻，原則上依雙方當事

---

❺　李家慶，〈論工程保證里程碑之遲延〉，《營建知訊》，第 194 期，1999 年 3 月，頁 54～57。

❻　此時，該一百萬元（違約金）視為承攬人遲延工程所生損害之賠償總額。民法第 250 條第 1 項「當事人得約定債務人於債務不履行時，應支付違約金。」同

人之約定。然而，債務已為一部履行而債權人因該一部履行受有利益時 ❼，或者違約金之額度過高時 ❽，承攬人得向法院請求裁定減少違約金。

工程保證里程碑僅為承攬人對定作人之按期完成工作之承諾，為原承攬契約之一部。而工程保證則是定作人與第三人成立之保證，為獨立於承攬契約之契約關係，且是用以擔保承攬人依債之本旨履行債務。二者大相歧異。

▶ 肆、工程保證與工程保證保險

工程保證保險是一種保險，為當事人約定，一方（要保人）交付保險費於他方（保險人），他方於被保險人因其承攬人債務不履行所致之損失，負損害賠償責任之契約。此種保險為定作人得作為擔保自己對承攬人之損害賠償請求權之方法之一。將來承攬人不履行債務致定作人受有損害，例如遲延工程或工程產生瑕疵，定作人固然對承攬人有損害賠償請求權，惟將來承攬人無法負擔龐大之損害賠償金額，或者承攬人故意避不見面逃避賠償責任，定作人之債權可能無法滿足。而定作人得透過保險契約將此種求償不能之風險轉由保險公司承擔，約定將來承攬人造成之損害由保險人負賠償責任，保險人再自行依保險法第 53 條向承攬人求償。

條第 2 項「違約金，除當事人另有訂定外，視為因不履行而生損害之賠償總額。其約定如債務人不於適當時期或不依適當方法履行債務時，即須支付違約金者，債權人除得請求履行債務外，違約金視為因不於適當時期或不依適當方法履行債務所生損害之賠償總額。」

❼ 民法第 251 條「債務已為一部履行者，法院得比照債權人因一部履行所受之利益，減少違約金。」

❽ 民法第 252 條「約定之違約金額過高者，法院得減至相當之數額。」

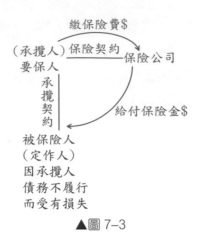

▲圖 7-3

　　至於工程保證保險與工程保證則有所不同。前者是一保險，保險人之損害賠償責任為獨立之主契約義務，非從屬於承攬債務；後者是一保證，保證人之保證責任是從屬於承攬人對定作人之損害賠償責任，具有從屬性。此外，保險是一有償契約，保險人得向要保人收取保險費，作為給付保險金之對價；而保證是一無償契約，保證人無償地對債權人代負履行債務之責任，債權人無支付任何對價予保證人 ❾。

　　在交易實務上，工程保證可自保險人負損害賠償責任之種類分成：工程押標金保證保險、工程履約保證保險、工程預付款保證保險、工程支付款保證保險、工程保留款保證保險、工程保固保證保險 ❿。押標金保證保險係投標人得標後，未依投標須知或其他有關投標規定與被保險人成立工程（承攬）契約時，由保險人負損害賠償責任之契約。換言之，押標金保證保險是用以擔保承攬契約之成立，得標人棄標造成被保險人之損害，由保險人負損害賠償責任。

---

❾　工程保證與工程保證保險為完全不同的制度，本書僅就最基本的差異點加以說明。更詳細的介紹可參閱施文森，〈論工程保證保險制度〉，《法學叢刊》，第 148 期，1992 年 10 月，頁 51～54。

❿　可參閱工程保險協進會所研擬、並經財政部核准之六種工程保證保險單條款。該保險單條款不具法律或行政命令位階，僅係一種提供並建議保險業者採用之契約條款，保險業者得選擇是否採用於與要保人之保險契約。

工程履約保證保險則是承攬人於保險期間內不履行與被保險人之承攬契約致被保險人受有損害，因而對被保險人負損害賠償責任時，由保險人對被保險人負損害賠償責任之契約。因此，工程履約保證是用以擔保承攬契約之履行。工程預付款保證保險及工程保留款保證保險亦同為承攬人不履行承攬契約而對被保險人負損害賠償責任時，由保險人對被保險人負損害賠償責任之契約。惟前者之損害賠償責任範圍限於「承攬人未履行契約致被保險人對工程預付款無法扣回之損失」，後者之損害賠償責任範圍限於「承攬人依承攬契約領取工程保留款而未履行契約，致被保險人受有之損失」。工程保固保證保險則是承攬人完工後，不履行承攬契約約定之保固或養護責任致被保險人受有之損失，由保險人對被保險人負損害賠償責任之契約。

工程支付款保證保險則是承攬人因未支付他人報酬或材料費而對之發生債務，而被保險人為避免承攬人之債權人依法定程序請求，致工程之全部或一部遭假扣押或假處分，代承攬人清償債務所生之損失，由保險人對被保險人負損害賠償責任。

⊙ 伍、工程保證易生之問題

一、保證人是否就工期之延展負保證責任

工程承攬契約若有約定完工期限或工程進度期限，承攬人未於約定期限內完成致定作人受有損失，是否應對定作人負損害賠償責任？若承攬契約未有特別約定，原則上視該遲延是否可歸責承攬人之事由所致：若可歸責承攬人事由致遲延工程期限，例如承攬人未調度足夠之工作人員、未準備齊全之機械設備或施工進程之規劃有瑕疵，始對定作人負損害賠償責任。若是因不可歸責承攬人之事由致遲延工程期限，例如突然發生地震導致施工進度拖延，或者因為定作人之其他承攬人施工拖延，而使承攬人無法如期進場施工，此時承攬人對定作人不負債務不履行責任，無須負損害賠償責任。

原則上，承攬人對定作人應負損害賠償責任時，工程保證人始代負損

害賠償責任。至於保證人應就定作人之何種損失負保證責任，視工程保證契約之約定。例如雙方約定，保證人應就「承攬人之不完全給付損害賠償責任」代負損害賠償責任，則承攬人遲延工期致定作人受有之損失，不在工程保證之範圍。假設定作人希望藉工程保證擔保承攬工程得以如期完工或達到目標工程進度，應在工程保證契約中約明「保證人就承攬人之遲延損害賠償責任負保證責任」之約款，或者約定「保證人就承攬人之債務不履行損害賠償責任負保證責任⓫」。

此外，工程保證約定有存續期間者，於期間屆滿後消滅。保證期間屆滿後，始發生承攬人對定作人之遲延損害賠償責任，保證人當然不負保證責任。例如保證雙方約定保證期間為 97 年 1 月 1 日至 98 年 12 月 31 日，保證人應就保證期間內承攬人之遲延損害賠償責任負保證責任。而承攬契約中約定之完工期限卻為 99 年 5 月 1 日。將來承攬人未如期完工，原則上至 99 年 5 月 2 日（清償期屆滿後）始負遲延損害賠償責任，此時工程保證早已消滅，保證人自無保證責任可言。例外之情形，若定作人得於工程保證存續期間內主張民法第 503 條之期前遲延，請求承攬人負損害賠償責任，定作人仍得請求保證人履行保證債務⓬。例如承攬契約雙方約定應於 99 年 5 月 1 日完成禮堂工程，以便將來作為頒獎典禮使用，且雙方就完工期限之重要性有所認識並載明於契約中。而保證期間則為 97 年 1 月 1 日至 98

⓫　債務不履行之類型可分成給付不能（民法第 225 條與第 226 條）、不完全給付（民法第 227 條）以及給付遲延（民法第 229 條）。給付不能係指債務人無可能於清償期提出給付之債務不履行類型；不完全給付係指債務人雖已提出給付並經債權人受領，但未依債之本旨提出給付之債務不履行類型，例如所交付之買賣標的物有瑕疵；給付遲延係指債務人未能於清償期提出給付，但仍有可能於清償期後提出給付之債務不履行類型。

⓬　定作人得於清償期前請求承攬人負遲延損害賠償責任之情形，依民法第 503 條與第 502 條第 2 項之規定，係指承攬契約中雙方就「工作在特定期限內完成」之重要性有認識且於契約中有所約定，且從特定之事實已顯可預見承攬人無法如期完工時。此時允許定作人解除契約，另行尋找他承攬人繼續完成工作，並請求承攬人負損害賠償責任。

年 12 月 31 日。至 98 年 8 月 1 日時，承攬人僅完成地基工程，顯然無法如期完成禮堂工程，定作人得依民法第 503 條請求承攬人負損害賠償責任，並請求保證人履行保證債務。

工程保證雙方約定保證人代承攬人負遲延損害賠償責任，而承攬人未於約定期間內完成工程或約定之工程進度，保證人於保證期間內應負保證責任。然而，若定作人允許承攬人延展工期，依民法第 755 條規定，若保證人不同意該延期，不負保證責任。例如甲與乙廠商成立興建六層樓公寓之承攬契約，約定於 99 年 12 月 31 日完工並交屋。甲另與丙成立工程保證，約定將來可歸責乙之事由而遲延完工日期時，丙願代為履行債務，針對未完工之部分進場施工。交屋日即將屆至時，乙因預期自己未能如期完工，與甲商量希望能延展完工日期，而甲亦同意將完工交屋日期延展至 100 年 6 月 1 日。此時保證人丙是否應負保證責任，進場施工？首先，若該保證定有保證期間，且保證期間於完工日（99 年 12 月 31 日）前已屆滿時，保證於期間屆滿後消滅，而承攬人乙於 100 年 1 月 1 日始對定作人負遲延責任，是發生於工程保證消滅後，保證人自無保證責任可言。

若保證未定有期間，或者保證期間在完工日後始屆滿，而承攬人乙發生給付遲延損害賠償責任時，原則上保證人丙應負保證責任。惟定作人甲既已同意延展工期，依民法第 755 條規定，若保證人丙不同意該延展，毋庸負保證責任。

二、工程設計變更後保證人是否仍負保證責任

工程承攬契約成立後，有時可能為因應現實情況而有變更工程設計的情形。例如原本預定建築一有三千人座位之禮堂，變更設計增加為四千人座位。變更工程設計圖如同變更原本承攬契約之內容，而契約成立後如欲變更契約內容，原則上應經過承攬人與定作人雙方之同意始可，蓋變更工程設計可能會導致承攬人施工成本之增加，或者導致工期之延長。若承攬人拒絕變更仍照原設計圖施工，不得認為承攬人違約。例外之情形，例如雙方有類如「將來定作人變更工程設計時，承攬人不得拒絕」之約款，則承攬人應按定作人之指示施工。

　　若承攬人有義務按變更後之設計施工，工程保證人是否應繼續擔保承攬人之施工品質或擔保在約定期限內完工？此問題應視「變更工程設計」這件事，是否認為承攬人與定作人成立一個新的承攬契約，或者承攬人與定作人未有成立新的契約，僅是合意變更原承攬契約之內容，以為決定⓭。若認為雙方合意變更工程設計，是成立一新的承攬契約，工程保證人不須就該新的承攬契約負保證責任；若認為變更工程設計僅是變更原承攬契約之內容，工程保證人自應負保證責任。

　　而變更工程設計是否如同當事人成立一新契約，應視具體個案認定當事人是否有成立新契約之真意。若原承攬契約中有條款約定將來定作人變更工程設計，承攬人應依指示施工不得拒絕變更，則變更工程設計僅得認為是原承攬契約之內容變更，當事人未有成立新承攬契約之真意。此時工程保證人仍應就變更後之設計負保證責任。若承攬契約未有類如上述條款，工程設計之變更是經由雙方協商合意而成時，應具體個案認定雙方當事人之真意。而認定雙方當事人之真意可從客觀事實以為輔助認定，例如變更之標的範圍大小：若變更原契約之大部分設計，足以認為是一新的承攬標的時，較可認為雙方有成立新承攬契約之意思；反之，若僅變更原承攬契約中一件小工程設計，或僅變更細節設計時，較可認為雙方未有成立新契約之意思。

第二節 ｜ 銀行履約保證

▶ 壹、銀行履約保證之意義

　　交易實務上之「銀行履約保證」是指定作人與銀行約定，當一方之承

攬人不履行債務致定作人受有損失時，由銀行負損害賠償責任。銀行履約保證產生之原因在於定作人為擔保自己對承攬人之損害賠償請求權能獲得滿足，避免承攬人無資力負擔龐大之損害賠償金額，透過「銀行履約保證」由具有龐大資金的銀行代負損害賠償責任。

在一工程承攬契約，定作人為擔保工程能被依約完成，可能與其他承攬人成立保證，將來承攬人未能按約定完成工程，由保證人進場繼續施工；此外，定作人為擔保自己對承攬人之損害賠償請求權，可能會事先要求承攬人提供履約保證金，作為損害賠償之先付，待將來承攬人按約定完工始返還予承攬人。然而在一些大型工程中，承攬人未能按約定完成工程或者延遲完工日期所造成定作人之損失可能非常龐大，定作人所要求提供之履約保證金額亦相較的高，承攬人可能無法事先提供如此龐大的保證金，或者事先提供之結果使得承攬人無足夠供周轉之現金可用。此種現實因素下產生了銀行履約保證之需求，由銀行與定作人成立履約保證，擔保定作人之損害賠償請求權，定作人將可不用擔心銀行無資力負損害賠償責任。

而銀行之所以願意與定作人成立履約保證，通常是因為受承攬人之委託，銀行得藉而賺取手續費作為委任契約的對價。此外，銀行會先考量承攬人之信用，或承攬人是否有提供物上擔保或人保，始決定是否受承攬人之委託與定作人成立履約保證。因為將來承攬人不履行債務對定作人負損害賠償責任，銀行基於履約保證對定作人代負損害賠償責任後，得依民法第 546 條請求承攬人就銀行所代負之損害賠償額度，償還處理委任事務之必要費用，而銀行第 546 條之債權有不獲滿足之風險。承攬人提供越多的擔保銀行就更願意接受承攬人的委託。

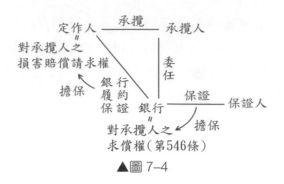

▲圖 7-4

⊙ 貳、銀行履約保證之性質

銀行履約保證交易下，定作人與銀行間經常就履約保證之性質產生爭議，亦即，銀行履約保證究竟是否為一保證？爭執之實益在於，銀行得否主張民法保證節中之權利，尤其是第 742 條之抗辯權。由於民法保證一節中賦予保證人許多之權利，若將銀行履約保證解釋為保證，對銀行較有利；反之，則較有利於定作人。

一、認為履約保證是一保證之實務判決

在臺灣高等法院 90 年度重上字第 564 號判決中，內政部營建署（定作人、被上訴人）與訴外人國光公司（承攬人）成立承攬契約，其中有約定國光公司應繳納工程契約總價百分之十之履約保證金新臺幣三千二百萬元，由上訴人出具履約保證金保證書代替之。此外，內政部營建署與第一商業銀行（上訴人）成立履約保證，其中有約定「如承包商未能履行契約完成全部工程時，不論屬何原因，本行一經接獲住都局（編：住都局係指前臺灣省政府住宅及都市發展局，目前已由內政部營建署承受）書面通知，即日將上述履約保證金新臺幣三千二百萬元整，或經住都局書面通知，解除部分保證責任後之餘額如數給付住都局，絕不推諉拖延，住都局得自行處理該款，無需經過任何法律或行政程序，本行亦絕不提出任何異議，並放棄先訴抗辯權及拋棄行使抵銷權」。事後，國光公司因故未能依約完成全部工程，被上訴人終止雙方承攬契約後，請求上訴人依約定給付履約保證金。

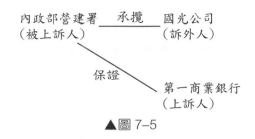

▲圖 7-5

　　上訴人主張：上訴人雖應給付履約保證金，但責任範圍並非三千二百萬元。上訴人之責任性質上為保證債務，而保證債務範圍上從屬於主債務，不得超過主債務範圍。被上訴人曾於國光公司施工期限內，就工程進度達百分之三十三時，解除上訴人履約保證金百分之十五之保證責任，是上訴人所應給付者為「解除部分保證責任後之餘額」。又被上訴人分別於 84 年及 87 年間之函文稱國光公司 84 年 4 月間施工進度已達百分之九十八或百分之九十五，則國光公司既已完成百分之九十以上之工程，被上訴人即應解除上訴人合計百分之六十之保證責任，雖被上訴人故意不通知解除，依民法第 101 條第 1 項規定，仍應視為解除條件已成就，且依誠信原則亦應認被上訴人至多僅能請求上訴人負擔百分之四十之保證責任。

　　針對上訴人之抗辯，被上訴人認為上訴人所負之契約責任，性質上並非保證責任，而係被上訴人承擔訴外人國光公司之給付保證金責任。換言之，被上訴人與上訴人成立之履約保證，性質上為債務承擔契約，原本國光公司之給付履約保證金義務，轉由被上訴人承擔。而上訴人對被上訴人負有給付保證金之債務，獨立於國光公司對被上訴人之承攬債務，二者並無從屬關係。因此，國光公司雖然完成一定之工程進度，亦不因而減少上訴人之給付履約保證金之債務範圍。

　　高等法院則以上訴人之抗辯有理由，認為雙方間之履約保證性質上為一保證，上訴人僅就主債務之範圍負保證責任，該履約保證並非獨立之債務承擔契約。法院所持之理由包括： 1.從保證書文義觀察，該保證書中約定：「……本行一經接獲住都局書面通知，即日將上述履約保證金……如數給付住都局……並放棄先訴抗辯權。」我國民法中，僅保證人具有先訴抗辯

權，自「放棄先訴抗辯權」之用語可認為雙方締約時之真意為成立保證，否則無須特別約定第一商業銀行放棄先訴抗辯權。此外，上開契約既名為履約保證金「保證」書，解釋上自當認類似民法保證契約，其理至明。 2. 從履約保證書之規定緣由探究：政府採購法第 30 條已明文揭示得標廠商所繳交之銀行履約保證書（即條文中所指之銀行之書面連帶保證）係屬連帶保證性質，本件國光公司所承攬者為公共工程，所繳納予內政部營建署（被上訴人）之銀行履約保證書，可認為係該條所指之銀行書面保證。雖然雙方締結承攬契約時政府採購法尚未施行，惟上開規定於政府機關已行之有年，應得作為實務慣例或法理適用，營建署（被上訴人）與上訴人成立履約保證時，應是以成立「連帶保證」之真意為之。3.民法第 739 條規定「稱保證者，謂當事人約定，一方於他方債務人不履行債務時，由其代負履行責任之契約」，其中所謂「代負履行責任」非僅指負代為履行之債務，亦包括代負債務不履行責任。雖然內政部營建署與第一商業銀行間之履約保證書中，係約定由第一商業銀行代替承攬人為繳納保證金，而非代替承攬人繼續完成工程，亦不影響該履約保證書為保證之性質。 4.履約保證金保證書契約第 1 條之記載「國光公司係委請上訴人就國光公司承包之系爭合約工程，在新臺幣三千二百萬元之範圍內保證國光公司履行契約義務」，可見上訴人係保證國光公司履行系爭工程契約，該履約保證契約自無法獨立於被上訴人與國光公司間之承攬工程契約。 5.從既有之審判實務見解，最高法院 88 年臺上字第 1009 號民事判決 ⑭ 及最高法院 86 年度臺上字第 3298 號民事判決 ⑮ 等，均認為銀行履約保證書之性質為保證。

⑭　最高法院 88 年臺上字第 1009 號民事判決「保證債務之存在以主債務之存在為前提，主債務人所負債務縱有一部未經清償，而該部分已由債權人免除，因而主債務全部消滅者，保證債務當然隨之消滅，最高法院著有二十二年上字第四九五號判例。本件上訴人主張，前開保證書之性質為保證契約，乃兩造所訂承攬契約之從契約，則依其所述，於承攬契約因解除而消滅時，該保證契約即隨之消滅，保證債權人即被上訴人自無從就已不存在之保證契約，再為解除保證人保證責任之意思表示，上訴人該項請求顯於法不合。」

⑮　最高法院 86 年度臺上字第 3298 號判決要旨「公司法第十六條第一項規定公司

二、認為履約保證並非保證之實務判決

前述之高等法院判決認為銀行履約保證書性質上是一保證。然而亦有實務判決持完全不一樣的見解，認為銀行履約保證書並非為保證。在臺灣高等法院高雄分院 93 年度上字第 66 號判決中，訴外人呂發起公司與交通部（被上訴人）成立工程承攬契約，承攬人呂發起公司依契約應交付之履約保證金，改以華南商業銀行（上訴人）所開立之履約保證金保證書代替，金額分別為三百四十八萬八千元及八十三萬四千二百四十元。被上訴人與上訴人間之履約保證書中約定，如承包商未能履約，或因其他疏忽、工程品質低劣致使被上訴人蒙受損失，則不論此等損失是屬何種原因，銀行均負賠償責任，銀行一經接獲交通部書面通知，即應如數給付，本銀行亦絕不提出任何異議，並放棄先訴抗辯權。

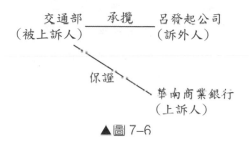

交通部　　　承攬　　呂發起公司
（被上訴人）　　　　　（訴外人）

保證

華南商業銀行
（上訴人）

▲圖 7-6

事後承攬人果真不履行債務，分別逾期 75 天、536 天始完成工程，依承攬契約應按日罰款工程結算金額之千分之一，被上訴人因而請求上訴人給付四百三十二萬二千二百四十元之保證金及自請求時起之遲延利息。

這個判決裡面的銀行履約保證與前述高等法院 90 年度重上字第 564 號判決裡面的銀行履約保證書相似，均是承攬人委託銀行出具履約保證金保證書，用來代替應繳納予定作人的履約保證金。就保證書的內容上來看，承攬人未能履行契約時，出具保證書之銀行均應立即給付履約保證金，且銀行均拋棄先訴抗辯權。但是兩個法院對於銀行履約保證書的性質，卻有完全不同的見解。

除依其他法律規定或公司章程規定得為保證者外，不得為任何保證人。如違反此項規定，以公司名義出具履約保證書為人保證對於公司不生效力。」

　　在高等法院高雄分院 93 年度上字第 66 號判決中，上訴人針對被上訴人之請求提出抗辯，主張上訴人僅須就呂發起公司於工程中債務不履行致被上訴人受有損害時，方有給付責任，並非無條件代付履約保證金，而被上訴人並未證明受有損害，付款條件尚未成就。且被上訴人對呂發起公司請求之逾期罰款，其性質乃屬懲罰性違約金，並非保證書約定保證之範圍。也就是說，上訴人主張自己對被上訴人的責任是一種保證責任，當承攬人債務不履行之行為使被上訴人受有損害，應對被上訴人負損害賠償責任時，上訴人始有保證責任可言。而被上訴人並未提出任何損害之證明，承攬人無對被上訴人負損害賠償責任，上訴人自無保證責任可言。此外，上訴人還主張被上訴人的請求給付履約保證金，性質上是一種懲罰性違約金，並非當初上訴人所擔保之範圍，上訴人對懲罰性違約金不負保證責任。

　　高等法院不採取上訴人之抗辯，認為銀行與定作人間之履約保證書性質上並非保證，僅為單純之繳納保證金契約。其認為，履約保證金原於得標廠商訂約時即應給付，因發包機關顧及廠商可能無法提出鉅款繳納保證金，乃允許廠商以經認可之金融機構出具保證書以代現金之給付。故本件保證書乃履約保證金提出之替代，是以擔保該履約保證金之交付為目的，保證於承攬人未依約履行承攬契約，即應交付保證金，並非違約發生損害賠償責任時之保證。換言之，履約保證書法律關係乃在銀行與定作人之間，其主要義務是付款承諾，即上訴人於約定事由發生時向定作人為現實提出保證金之義務，而非承包廠商違約時發生損害賠償之保證，故與民法上之保證並不相同。

　　這個判決的法院認為銀行履約保證契約中，銀行的契約責任並非從屬於主債務的保證責任，而是一個獨立的給付保證金的責任。當履約保證契約約定之條件成就，銀行即應按約定給付保證金。所謂約定之條件成就，例如約定以「契約一方之承攬人不履行承攬契約債務」作為銀行給付保證金的條件，事後承攬人果真未依承攬契約本旨履行債務，給付保證金的條件即為成就。而臺灣高等法院 90 年度重上字第 564 號判決中，法院則認為銀行履約保證契約是一保證，銀行的契約責任為保證責任，從屬於主債務。

履約保證雙方約定契約一方之承攬人未履行債務，他方應給付約定數額之保證金，是該他方代承攬人負債務不履行損害賠償責任。

三、本文之見解

當事人間之契約類型究竟為何，應視締約時雙方之真意而定。銀行履約保證是否為保證，亦應視締約時銀行與定作人間是否有成立保證之合意，亦即銀行同意為承攬人作保證人，而定作人亦同意讓銀行為承攬人作保證人時，履約保證書即為一保證。若締約時雙方並非成立保證之真意，而僅是銀行自願於約定條件成就時給付約定之履約保證金予定作人，而定作人亦同意銀行於約定條件成就時給付履約保證金予自己，則履約保證僅為一單純之給付保證金契約。並不是說銀行履約保證書就一定是保證或給付保證金契約。

惟當事人締約之真意為何，難以從第三人的立場去探究，只能從一些現實生活中可察覺存在的事實去推論當事人內心主觀的想法，例如書面契約中約定的條款、書面契約的名稱用語或是契約協商階段時雙方往來的書信等。本文以為，若銀行履約保證契約書之書面契約以「保證」為名稱，再加上契約條款中通常有「銀行拋棄先訴抗辯權」的用語，或者有「銀行代付履約保證金」的用語，這些客觀存在的事實較能推論出雙方當事人締約時的真意係成立保證。至於契約條款中「一經業主書面請求銀行應即於保證額度內付款，決不異議」之用語則十分模稜兩可，這可以解釋成是保證人（銀行）預先拋棄民法第 742 條之抗辯權，也可以不把它當成是保證人拋棄抗辯權，而只是銀行應給付保證金的時點，自業主書面請求時即有給付保證金的義務。這種約款沒辦法作為判斷當事人締約時有無成立保證的主要基礎❶❻。

---

❶❻ 實務上有判決認為此類約款可以用來認定履約保證書的性質非為保證，而係一無因且獨立的契約，只要契約所載條件成就銀行即應給付保證金。可參見臺灣高等法院 91 年度重上更(一)字第 80 號判決「……只要被上訴人單方認定受損失，並通知上訴人，上訴人即願將履約保證金『全額如數』給付被上訴人，無需經過任何法律或行政程序，上訴人亦絕不提出任何異議，並放棄先訴抗辯權

此外，有認為民法保證人的責任僅限於代主債務人履行債務，若約定一方應於他方之債務人不履行債務時代負債務不履行損害賠償責任，這種約定並非保證。本文則以為似乎沒有必要將保證人的責任侷限於代債務人履行債務，況且債務不履行責任也只是原本債務的轉換，仍然是同一個契約下所產生的，代替債務人負債務不履行損害賠償責任，實際上與代替債務人負履行債務之責任，並沒有什麼不同。例如甲賣一臺特殊的古董車給乙，約定乙先付錢甲再交車。這個時候我們說甲應該要交付車給乙，這是甲的債務履行責任。乙付錢後，車子卻因為甲的過失被撞毀，使得甲沒有辦法再去找一臺一樣的車子交給乙，這個時候就變成甲要負債務不履行責任，要用金錢去賠償乙的損害。甲的債務從原先的交付古董車，轉變成金錢損害賠償，都是在同一個買賣契約下所產生的同一個債務，只是內容上有所轉變，甲的債務不履行損害賠償責任，仍然是甲的債務履行責任。因此，若約定一方應於他方之債務人不履行債務時代負債務不履行損害賠償責任，這種約定不失為保證。

⊙ 參、銀行履約保證條款之效力

一、履約保證金額度是否過高

在討論這個問題前，我們必須先釐清一個概念：從當事人之真意推論銀行履約保證契約的性質為違約金契約或債務承擔契約時，始有銀行應付之履約保證金額度是否過高的問題。假若認為履約保證金額度是銀行的保證責任額度，因為法院沒有權力酌減保證債務額度，在這個前提下探討履約保證金是否過高並無實益，頂多只有在主債務人之違約金給付義務過高，由法院依法酌減之情形下，間接地使保證人的責任（從屬於主契約責任）

及民法債編第二章第二十四節有關保證人之權利。可知兩造就履約保證金保證書之約定，已將上訴人給付履約保證金予被上訴人之義務與被上訴人所受客觀上損失如何，切斷其關聯性，以避免上訴人以被上訴人與嘉連公司間系爭工程合約所生事由為原因關係抗辯之意思，此種約定亦即學說上所謂債務拘束之無因契約。」

減少。

而銀行履約保證契約中，定作人要求銀行提供之履約保證金之法律性質為何，尚應視承攬契約雙方之意思而定，可能為民法第 250 條之違約金，亦可能為民法第 884 條之質物❶。若認為履約保證金性質上是一違約金，則法院得依民法第 251 條及第 252 條規定酌減之，因此，就發生違約金是否過高而法院得否酌減之法律問題。曾有一實務判決中，當事人爭執違約金的計算標準為工程總價之百分之十，是否過高的問題。最高法院 90 年度臺上字第 164 號判決「是被上訴人依上訴人出具之履約保證金保證書第一、二條約定，請求上訴人履行上開保證責任，給付保證金，自非無據。該履約保證金保證書第二條已明載：『本履約保證金屬於懲罰性質之違約金，非損害賠償總額預定之性質……』等語，上訴人謂：係屬賠償總額預定性質之違約金，殊無足取。上訴人雖另辯稱：系爭工程已完成百分之九○‧九五，被上訴人請求全數沒收充為違約金，顯屬過高，應予酌減云云。惟本件履約保證金額是依系爭工程總價百分之十計算，金鴻公司於決定投標金額前，當已注意所得利益及違約時所生損失是否相當，而對履約保證金數額為相當之評估，且以該定額比例之履約保證金，資為懲罰性之違約金，依客觀事實、社會經濟狀況及當事人所受損害情形而言，亦屬相當。」工程履約保證金在多少額度內才不會被認為是過高，其實並無統一的標準可言。法院會從個案的客觀事實、當時社會經濟狀況及定作人所受損害之情形等綜合判斷之。而這個案件中，法院認為以工程總價百分之十計算履約保證金，並未有任何不當之處。

此外，也有法院採更寬鬆的標準，認為依當事人自己的約定而履約保證金性質為懲罰性違約金時，這種違約金是否過高的判定，與當事人實際上受多少損害無關。臺灣高等法院臺南分院 93 年度重上更㈠字第 1 號判決「……系爭工程合約第十六條所約定之逾期罰款，是按日依工程結算金額之千分之一計算，並非預定一定總額，依契約約定意旨，是約定不於適當

---

❶ 關於履約保證金性質的更詳細說明，可參閱本章第一節「貳、工程保證與工程履約保證金」。

時期履行時即應賠償，其目的乃強制債務之履行確保債權效力為目的，參酌最高法院 92 年度臺上字第 713 號、87 年度臺上字第 863 號、92 年度臺上字第 444 號民事判決要旨，此性質應屬懲罰性違約金，並非賠償總額預定性違約金，非得依民法第 250 條第 2 項規定視為賠償總額預定性違約金。而既然屬於懲罰性質，於約定之原因事實發生時即已存在，不以有實際損害為條件。又本件逾期罰款是按日以工程結算金額千分之一計算，此與內政部綜合營造業實報客觀情形而制定之內政部營建署所屬各機關工程採購契約範本相符，並未過高，毋庸酌減。」

二、預先拋棄先訴抗辯權之約定有無顯失公平

銀行是一個具有經濟地位法人，且業務範圍廣，與銀行締約者也多，銀行為節省成本，通常以定型化契約之方式與社會大眾締結契約。假若定作人與銀行間締結之履約保證契約，是銀行自己預先擬定好的定型化契約而定作人只是單純全盤接受之，通常不會發生銀行的責任是否過重而顯失公平的問題。在相反的情形，也就是定作人提出一份自己預先擬定好的定型化契約而銀行只能選擇全部接受與否時，才有契約條款是否對銀行不利而顯失公平的問題。此外，在開始探討預先拋棄先訴抗辯權之約定有無顯失公平之問題前，還要再釐清一個概念，當我們認定銀行履約保證契約之性質為保證時，始有討論預先拋棄先訴抗辯權問題的必要。若履約保證契約不是保證時，銀行本來就沒有先訴抗辯權，當然不會有預先拋棄先訴抗辯權有無顯失公平的問題。

而以定型化契約條款之方式使銀行預先拋棄先訴抗辯權，不會被認為是顯失公平而違反民法第 247 條之 1 之規定❶⑧。在銀行履約保證中，銀行是一具有龐大資產的法人，比起一般自然人而言有更高的經濟地位，以定型化契約條款使銀行放棄先訴抗辯權，更不應該被認為是違反第 247 條之1 之規定。

我國法院亦認為銀行履約保證書中關於銀行拋棄先訴抗辯權之約款，

---

⑱　關於以定型化契約使保證人預先拋棄先訴抗辯權有無違反民法第 247 條之 1 之規定，更詳細的說明可參閱本書第二章第五節「定型化保證條款之效力」。

未違反第 247 條之 1 的規定。臺灣高等法院臺南分院 93 年度重上更㈠字第 1 號判決「參諸系爭履約保證金保證書第二條明載『承包商（指端明公司）與公路局（指上訴人）簽訂上項工程合約後，如承包商未能履約或因其他疏忽缺失，工程品質低劣，致使公路局蒙受損失，則不論此等損失是屬何種原因，本行（指被上訴人）均負賠償之責，公路局自行處理該款，無須經過任何法律或行政程序，本行亦絕不提出任何異議，並放棄先訴抗辯權及拋棄行使抵銷權』……系爭保證書上訴人是因其與端明公司間之委任關係而出具，被上訴人是立於利益契約之第三人地位，上訴人與端明公司之間就系爭保證書出具之委任關係，必存有相當之對價（補償關係），上訴人均是經營數十年之銀行（原是省屬行庫），長期從事資金之貸放，在專業能力及交易經驗上，較諸端明公司僅是一工程公司而言，均屬強者，就補償關係而言，不生不公平之情事，就端明公司與被上訴人方面言之，系爭保證書亦是依前開稽查條例之規定而為，乃依法行事，且端明公司依規定僅是提出銀行保證書，並非提出巨額現金對端明公司並不造成資金壓力，尚難謂顯失公平，上訴人抗辯保證書之出具，是附合契約，顯失公平，依民法第二百四十七條之一，該約款無效云云，即非可採。」

三、「一接獲書面通知，無須檢附任何證明，銀行應立即付款」之約定有無違反公序良俗

民法第 72 條規定，法律行為，有背於公共秩序或善良風俗者，無效。假若銀行履約保證契約中某些條款被認為是違反公共秩序或善良風俗時，該條款將被認為是無效，不生拘束當事人之效力。在一些實務判決中，當事人爭執履約保證契約中「一接獲書面通知，無須檢附任何證明，銀行應立即付款」之約款是否違反公序良俗，而法院大都持否定之見解。

臺灣高等法院 91 年度重上更㈠字第 80 號判決「再依兩造間所訂之履約保證金保證書……第二條約定：『承包商（即嘉連公司）與國工局（即被上訴人）簽訂上開工程合約後，如因承包商之原因被國工局解除或終止合約，或承包商未能履約或因其疏忽缺失、工程品質低劣，致經國工局認定已蒙受損失時，本行（即上訴人）均負賠償之責。本行一經接獲國工局書

面通知，即日將上述履約保證金全額如數給付國工局，絕不推諉拖延。國
工局得自行處理該款，無需經過任何法律或行政程序，本行亦絕不提出任
何異議，並放棄先訴抗辯權及民法債編第二章第二十四節有關保證人之權
利及抗辯。』，……本件上訴人為銀行業者，就出具系爭履約保證金保證書
之法律上效果，應已充分瞭解，且依系爭履約保證金保證書內容，亦不背
於公序良俗，故系爭履約保證金保證書應認為有效。」

　　此外，其他的實務判決，例如臺灣高等法院 86 年度重上更㈠字第 187
號判決、臺灣高等法院高雄分院 89 年度重上更㈡字第 39 號判決、臺灣高
等法院高雄分院 88 年度重上更㈠字第 49 號判決等，亦認為此種約款不違
背公序良俗。

chapter 08

實例演練

實 例 A

甲公司為全球知名的手機製造商，其所設計的手機功能一應俱全、外觀新穎，在世界各地的市場均有銷售。甲公司即將推出最新一代的手機，業界均看好這隻新型的手機，將為甲公司帶來龐大的收益。臺灣的乙公司也相中了這隻手機的市場潛力，與甲公司展開一連串的協商，希望能夠成為甲公司在臺灣的經銷商，賺取轉售手機的差額利益。最後雙方談判的結果：甲公司表示，若乙公司願意每個月至少向甲公司訂購價值十萬美元的新款手機，並出具乙公司董事長 A 及董事 B、C 的保證同意書作為甲對乙價金債權的擔保，甲公司就願意跟乙公司合作。隨後，乙公司董事會做成決議，願意接受甲公司的條件，也向甲公司出具了有 A、B、C 三人簽名的保證同意書。雙方於是簽下合作經銷契約，同時甲公司也在保證同意書上簽名。試問：

1. 案例中有哪些契約的成立？保證的契約當事人是誰？（可參閱第二章第一節）

答 案

本案中成立之契約包括甲公司與乙公司間之經銷契約、甲與 A 間之保證契約、甲與 B 間之保證契約、甲與 C 間之保證契約。

2. 假設乙公司威脅董事 C 應該要與公司同甘共苦，若不同意擔任保證人，就馬上解除 C 的董事職位。C 為了保住董事職位而在保證同意書上簽字，表示願意擔任保證人。在法律上，甲跟 C 的保證有沒有成立？又假設董事 C 剛好在外國旅遊，乙公司沒有辦法與 C 取得聯繫。為了能盡快與甲公司簽訂經銷契約，董事長擅自拿 C 的印章在保證同意書上蓋章，並向甲公司出具該保證書，甲公司董事長隨後也在保證書上簽名。此時，甲跟 C 是不是有成立保證？（可參閱第二章第三節）

答 案

原則上，當事人內心有成立契約的意思，並且把這種意思傳達給他方當事人知道，而他方當事人內心也有成立契約的意思，也把這種意思傳達給對方，雙方之間就成立契約。在第一種假設情形中的 C 雖然被脅迫擔任

保證人，C 內心還是有成立保證契約的意思，而且傳達出這個意思給甲公司，而甲公司也有成立契約的意思，甲跟 C 之間的保證契約在法律上是成立的。但是像這種被脅迫成立契約的情形，民法第 92 條有特別規定，賦予被脅迫的 C 有反悔的權利，以保護 C 的自由權，C 可以在事後行使撤銷權撤銷保證契約。保證契約被撤銷後，如同甲跟 C 間自始至終都沒有保證契約存在。但是，在 C 行使撤銷權之前，甲跟 C 之間的保證契約仍然是成立生效的。

至於第二種假設情形中的 C 自始至終都沒有成立契約的意思，是董事長擅自拿 C 的印章在保證同意書上蓋章，使人誤以為 C 有傳達「願意成立保證契約」的意思，原則上甲跟 C 間沒有成立保證契約。至於甲公司誤以為 C 有成立保證的意思，誤認為有債權擔保的存在，因而所受到的損失，依民法第 110 條規定，由無權代理人——董事長負損害賠償責任。

3. 假設甲公司提出一份定型化保證契約書，上面有記載「保證人願意拋棄先訴抗辯權」的條款，並交代董事長 A 及董事 B、C 依照該契約書內容擔任保證人，否則就把經銷業務交由乙公司的競爭對手丙公司來處理。三人於是在保證書上簽名。試問，契約書中「拋棄先訴抗辯權」的條款是否成立生效？（可參閱第二章第五節）

🔍 **答案**

以定型化契約條款方式約定保證人拋棄先訴抗辯權，在交易實務上十分普遍，已成為一種交易習慣，況且保證人拋棄先訴抗辯權，也沒有因而加重保證人之保證責任，並沒有違反民法第 247 條之 1 的規定。因此，這種定型化條款在法律上是成立生效的。

4. 半年後，這款手機的市場反應不如預期中熱烈，乙公司根據自己做的市場調查，每個月最多只能向甲公司進貨一萬美元的手機，否則會有過多滯銷的存貨。因此，乙接下來每個月都只向甲公司進貨一萬美元，甲公司憤而提告，並向保證人求償。保證人 A、B、C 得否抗辯，保證成立時並無確定已發生的主債務存在，保證未曾成立，保證人不負保證責任？（可參閱第二章第四節）

🔍 答　案

在經銷關係中，契約當事人間的買賣契約是陸續發生的，雖然甲公司跟乙公司在成立經銷契約時，乙公司尚未向甲公司訂貨，也還沒有欠甲公司錢，而保證人跟甲公司成立保證時，也沒有確定已發生的主債務存在，保證人仍然不能拿這個當作抗辯理由。只要能夠確定將來所擔保之主債務的範圍，保證契約在法律上就成立生效。目前已可確定將來主債務人乙每個月至少會產生十萬美元的價金主債務，保證人就不能抗辯保證成立時並無確定已發生的主債務存在，保證未曾成立。

✏️ 實　例 B

甲公司欲購買一片土地作為建設晶圓廠之用，向乙銀行商量貸款五千萬元。乙銀行表示，甲公司若能提供相當之保證人及擔保品就通過該貸款案。爾後，甲公司以子公司丙的 A 工廠設定抵押權予乙銀行，且甲公司董事長之父親，同時亦為甲公司之榮譽董事丁，亦同意擔任保證人，擔保該筆五千萬元及利息債權。2008 年金融風暴席捲全球，受不景氣的影響，甲公司嚴重虧損，無資力繼續清償剩餘之借款及利息，且原先供作抵押之 A 工廠之價值亦持續下滑，將來能夠藉拍賣 A 工廠之所得而獲得清償之部分亦有限，乙銀行因而將該筆五千萬元及利息的不良債權轉售予戊資產管理公司。試問：

1. 乙銀行將債權讓與戊公司後，丙是否繼續負保證責任？此時由何人取得抵押權？（可參閱第三章第一節）

🔍 答　案

依民法第 295 條，讓與債權時該債權之擔保及其他從屬之權利，隨同移轉於受讓人。因此，乙將債權讓與戊後，該債權上之擔保，包括乙對丙之保證債權，以及乙對 A 工廠之抵押權，均隨同移轉由戊取得。也就是說，戊除了受讓取得對甲之債權外，同時也取得抵押權，而丙也繼續對戊負保證責任。

2. 債權人戊可否在清償期屆滿時直接向保證人丙求償？（可參閱第三章第一節）

答 案

清償期屆滿後主債務仍未履行，除保證人有拋棄先訴抗辯權外，依民法第 745 條規定，債權人戊尚不得直接向保證人求償，必須先就主債務人甲的財產強制執行而無效果後，才可以向丙求償。

3. 甲公司破產後，債權人戊依破產程序僅獲得部分之清償，剩餘未能受清償的部分，可否向保證人丙求償？（可參閱第三章第一節）

答 案

破產法第 149 條規定，破產債權人依調協或破產程序已受清償者，其債權未能受清償之部分，請求權視為消滅。至於未能受清償的部分，債權人可否轉向保證人求償，則有不同之見解。有認為債權人的請求權既然消滅，當然不能轉向保證人求償。這是因為保證債務從屬於主債務，債權人不能再向主債務人求償的部分，自然不能向保證人求償。本文則以為破產法第 149 條規定，僅使債權人之「請求權」消滅，並非使「債權」消滅，也就是說，債權人對債務人的債權仍然存在，只是不能向債務人請求履行債務。既然未受清償之債權未消滅，債權人當然可以繼續向保證人求償。

4. 丁代主債務人甲清償債務後，產生什麼樣的法律關係？得向哪些人主張權利？（可參閱第三章第二、三節）

答 案

(1)保證人得向主債務人主張的權利：首先，針對保證人的求償權的部分：保證人丁若係基於委任契約代替主債務人甲清償債務，得依民法第 546 條第 1 項請求主債務人甲（委任人）償還所支出的費用（所墊付的金額）及利息。若保證人丁非基於委任契約代為償還債務，得依民法第 176 條第 1 項向甲行使求償權。此外，依民法第 749 條規定，保證人承受原債權人乙銀行之債權，該債權上之擔保，例如乙之 A 工廠抵押權，依民法第 295 條第 1 項規定，也隨同由保證人取得。

(2)保證人得向抵押人主張的權利：保證人代主債務人清償債務後，依民法第 749 條及第 295 條第 1 項規定取得抵押權，將來保證人得選擇行使抵押權，就拍賣 A 工廠之所得取償。

實 例 C

儲有多年積蓄的甲想趁著近年不動產景氣低迷，房價下跌的時候購置 A 屋，因而向乙銀行貸款三百萬元，並設定 A 屋抵押權予乙。此外，甲之兄長丙十分疼愛甲，為購置新屋的甲感到開心，遂願意擔任甲的保證人，並拋棄先訴抗辯權。清償期屆滿前，甲從好友那聽說有筆買賣可做，需要甲拿出五百萬元資金投資，短期內就可淨賺三百萬元，心動不已的甲因而向丁銀行申請貸款五百萬元。丁銀行則以 A 屋上已有設定抵押權，甲又無法提供其他擔保品，而拒絕甲的申貸案。甲將目前的處境告訴其好友戊，拜託戊先承擔甲對乙銀行的借款債務，將來甲會將三百萬元連同利息返還給戊，並贈送五十萬元給戊作為謝禮，戊考慮後與甲達成合意；甲又找乙銀行商量，若乙銀行拋棄 A 屋抵押權，戊就願意承擔甲對乙銀行的三百萬元債務，乙銀行認為戊名下有多筆不動產，將來債權不獲滿足的風險小，即同意拋棄抵押權並由戊承擔債務。幾天後，甲設定 A 屋抵押權給丁銀行，丁則借款五百萬元給甲。試問：

1. 三百萬元借款返還期屆滿後，乙銀行得向何人請求返還借款？丙有無保證責任？（可參閱第四章第一節）

答 案

(1)案例中之乙銀行既然已同意由戊承擔三百萬元債務，原本的債務人甲就脫離原債權債務關係，債務人從甲變成戊。清償期屆滿後，乙銀行得向戊請求返還借款。

(2)主債務由第三人承擔後，依民法第 304 條第 2 項規定，保證人丙若拒絕承認由戊承擔債務，保證人之保證責任即消滅，不再負保證責任，乙銀行只能向新的主債務人戊請求返還借款。反之，若保證人丙承認戊承擔債務，就要繼續負保證責任；但是在案例中，這三百萬元借款債權上同時存有抵押權，且乙銀行拋棄這個抵押權，保證人仍得主張民法第 751 條之規定，就乙銀行所拋棄抵押權之限度內，免除保證責任。

2. 五百萬元借款返還期屆滿後，丁銀行得向何人請求返還借款？丙有無保證責任？（可參閱第四章第二節）

答 案

(1)案例中這五百萬元是甲向丁銀行借的，丁銀行只能向甲請求返還借款及利息。

(2)而針對丁的五百萬元借款債權，保證人丙不負保證責任，這是因為丙一開始是跟乙銀行成立保證，而非與丁銀行成立保證，保證人當然不對丁負保證責任。

實 例 □

甲向乙銀行借款五百萬元，丙則擔任甲的保證人，與乙成立保證，丁則與乙成立連帶保證。此外，甲另有對乙銀行一百萬元債權，丙另有對乙銀行二百萬元債權，丁另有對乙銀行五十萬元債權。試問：

1. 五百萬元借款返還期限屆滿後，乙銀行可否直接請求丙負保證責任？乙銀行可否直接請求丁負保證責任？（可參閱第五章第一節）

答 案

(1)乙與丙成立保證，而主債務清償期屆滿後，乙不得直接向保證人求償，保證人丙得主張民法第 745 條之先訴抗辯權。

(2)至於乙與丁成立連帶保證，主債務清償期屆滿後，乙得否直接請求連帶保證人丁代為清償債務，要視連帶保證人之性質決定（可參閱本書第五章第一節）。若認為連帶保證人丁是保證人，則丁可以主張民法第 745 條之先訴抗辯權；若認為連帶保證人丁非保證人而是連帶債務人，則乙得依民法第 273 條，於清償期屆滿後直接向丁請求返還借款。

2. 若乙銀行請求丁負保證責任，丁可否以甲對乙之債權主張抵銷抗辯？丁可否以丙對乙之債權主張抵銷抗辯？丁可否以自己對乙之債權主張抵銷抗辯？法律上依據何在？（可參閱第五章第一節）

答 案

(1)原則上債務人只能用債權人對自己的債務來抵銷自己對債權人的債務，不能用債權人對他人的債務抵銷自己對債權人的債務。但是民法規定，在特殊情況下，債務人可以用債權人對他人的債務主張抵銷自己對債權

人的債務,例如民法第 742 條之 1。在案例中,保證人丁可依民法第 742 條之 1 之規定,以主債務人甲對債權人乙之債權主張抵銷。

⑵案例中丁跟丙針對同一個債務擔任保證人,依民法第 748 條規定,丁、丙二人對債權人乙負連帶責任。而連帶債務人中之一人——丙,對債權人有二百萬元債權,他債務人丁得以該債務人應分擔之部分,主張抵銷。

⑶丁得依民法第 334 條第 1 項規定,以自己對債權人之債權主張抵銷抗辯。

✏️ 實 例 E

甲公司為一保全公司,與丁大樓的全體住戶簽訂契約,丁大樓全部採用甲公司設計的保全系統,並提供全天候的保全人員擔任大樓守衛。乙則為受僱於甲公司之員工,雖然乙曾有背信罪的前科,但甲公司念在乙服刑期滿後有心重新做人,又有乙之父親丙擔任人事保證人,擔保乙在任職期間內將會誠實地履行職務,因而僱用乙擔任甲公司的內勤人員,隨後因表現良好被調往丁大樓擔任守衛,年收入為三十五萬元。然而好景不常,某日乙收齊大樓住戶管理費(四十五萬元)後,未按甲公司規定的程序立刻將收受的費用送交到甲公司,暫時將錢置放於警衛室的抽屜中,並外出巡視大樓。等到乙回到警衛室時,錢早已不翼而飛。甲公司認為乙未盡保管金錢的責任,乙必須用自己的錢賠償這筆管理費,同時要求乙之父親丙負起人事保證責任。乙則主張,調閱大樓監視器後發現乙離開警衛室後曾有一男子進入警衛室,顯然是該名男子將錢偷走,不能把罪怪到乙頭上。試問:

住戶繳交給甲公司的管理費不翼而飛,造成甲公司之利益受損,甲公司能不能請求乙負損害賠償責任?丙應否負保證責任?(可參閱第六章第一、二節)

🔍 答 案

⑴乙受僱於甲公司,本應履行保管管理費的契約(僱傭契約)上義務,卻未按照甲公司規定的程序保管管理費,造成甲公司的損失,可認為是可歸責於債務人乙之事由致債務人債務不履行,債權人甲得請求乙負損害賠償責任。

⑵在案例中，乙僅對甲公司負債務不履行的損害賠償責任，並未對甲公司有侵權行為損害賠償責任，蓋乙未盡保管責任之結果，只是造成甲公司金錢利益上的損失，沒有侵害到甲公司的權利，乙也不是故意以有害善良風俗的方法造成甲公司的經濟上損失，甲公司不能對乙主張民法第184 條負損害賠償責任。而人事保證人僅就受僱人之侵權行為損害賠償責任負責，毋庸就受僱人之債務不履行損害賠償責任負責（可參閱本書第六章第一節「貳、人事保證責任之成立要件」），案例中的丙不負保證責任。

▶ 附 件

附件 A　保證契約範本（擔保借款返還）

債權人○○○（以下簡稱甲方）與連帶保證人○○○（以下簡稱乙方），茲為擔保將來債權人之債務人履行債務，經雙方同意訂立本契約。契約內容如下：

第一條

主債務人○○○與甲方於民國○○年○月○日成立消費借貸契約，主債務人○○○向甲方借款新臺幣　　元整，應於民國○○年○月○日連同利息加以返還。

第二條

若主債務人○○○逾期不還前開借款及利息，乙方願代替主債務人○○○負全部之返還責任。主債務人○○○因逾期未返還前開借款及利息而對甲方所負之債務不履行損害賠償責任，乙方亦願代負全部之債務不履行損害賠償責任。

第三條

將來主債務人○○○又向甲方借款，且逾期不還借款及利息時，亦適用前二條之約定。但乙方僅在新臺幣　　元整之範圍內，代主債務人○○○負履行債務之責。

第四條

甲方若拋棄本契約第一條債務之擔保物權，乙方仍負保證責任。民法第七百五十一條之規定，不適用於甲方與乙方間之法律關係。

第五條

主債務人逾期未返還借款及利息時，甲方即得請求乙方負本契約第二條之保證責任。民法第七百四十五條之規定，不適用於甲方與乙方間之法律關係，乙方願意拋棄先訴抗辯權。

第六條

若有第三人承擔主債務人○○○依第一條所負之債務，乙方均加以承認之，乙方依第二條應負之保證責任不因第三人承擔債務而受影響。

第七條

乙方的保證債務履行地約定為甲方所在地。

第八條

將來甲方與乙方涉訟於中華民國法院時，以甲方之住所地或乙方之住所地法院為管轄法院。

第九條

甲方與乙方之法律關係準據法，為中華民國法律。

本契約一式兩份，當事人各執一份為憑。

附件 B　工程押標金保證保險單條款

（資料來源：http://www.eia.org.tw/BONDS/BB75.pdf）

第一條　（承保範圍）

投標人於保險期間內，參加本保險單所載之工程（以下簡稱工程）投標，於得標後不依投標須知或其他有關投標規定與被保險人簽訂工程契約時，本公司依本保險單之約定對被保險人負賠償之責。

第二條　（不保事項）

一、投標人因下列事項未能簽訂工程契約時，本公司不負賠償責任：

　　1.戰爭（不論宣戰與否）、類似戰爭行為或叛亂。

　　2.核子反應、核子輻射或放射性污染。

　　3.可歸責於被保險人之事由。

二、本公司對下列損失及費用不負賠償責任：

　　投標人不簽訂工程契約所致利息、租金或預期利潤之損失，及重新招標、催告履行或訴訟之有關費用。

第三條　（保險期間）

本保險單之保險期間為自工程投標之日起至投標人簽訂工程契約之日止。但如本保險單所載開標日期之標為廢標時，則本保險單之效力即行終止。

第四條　（理賠事項）

被保險人於投標人得標後，不依投標須知或其他有關投標規定簽訂工程契約時，應立即以書面通知本公司，並檢具賠償申請書、有關資料及文書證件，向本公司請求賠償。本公司之賠償金額，以投標人之得標金額與該工程同次開標之次低得標金額或依原投標條件重新招標之得標金額之差額為準。但本公司最高賠償金額以本保險單所載保險金額為限。

第五條　（協助追償）

本公司於履行賠償責任後，向投標人追償時，被保險人對本公司為行使該項權利之必要行為，應予協助，其所需費用由本公司負擔。

第六條　（其他事項）

一、本保險單之批單、批註暨工程投標須知或其他有關投標規定均為本保險契約之一部份。

二、本保險單之任何變更，需經本公司簽批始生效力。

三、本保險單未規定事項，悉依照保險法及其他有關法令辦理。

附件 C　工程保固保證保險單條款

（資料來源：http://www.eia.org.tw/BONDS/MB81.pdf）

第一條　（承保範圍）

被保險人對於承攬人不履行工程契約規定之保固或養護責任而受有損失時，本公司依本保險單之約定對被保險人負賠償之責。

第二條　（不保事項）

承攬人因下列事項未能履行保固或養護責任時，本公司不負賠償責任：

一、戰爭（不論宣戰與否）、類似戰爭行為、叛亂或強力霸佔。

二、依政府命令所為之徵用、充公或破壞。

二、罷工、暴動或民眾騷擾。但承攬人或其代理人或與本工程有關廠商之受僱人所為者，不在此限。

四、核子反應、核子輻射或放射性污染。

五、可歸責於被保險人之事由。

第三條　（保險期間）

本保險單之保險期間為自工程契約所訂保固或養護責任開始之日起，平工程契約所訂保固或養護期滿之日止。

於保險期間內，非經被保險人同意本公司不得逕行終止本保險單。

第四條　（保固或養護責任變更之通知）

工程契約所載有關保固或養護責任遇有變更時，被保險人應以書面通知本公司。

被保險人違反前項通知義務時，本公司之賠償責任仍以原工程契約為準，其因變更所增加之損失及費用，本公司不負賠償責任。但經本公司書面同意者不在此限。

第五條　（發生不履行工程契約事故之通知）

被保險人於承攬人不履行保固或養護責任時，應以書面通知本公司。

第六條　（賠償之請求）

遇有本保險單承保範圍之損失時，被保險人應於六十日內以書面通知本公司，並檢具賠償請求書、有關資料及文書證件向本公司請求賠償。本公司應於損失金額確定後十五日內給付賠償金。

第七條　（賠償金額之計算）

本公司之賠償金額，以被保險人代承攬人依工程契約履行保固或養護工作所需費用為準，並以本保險單所載保險金額為限。

第八條　（協助追償）

本公司於履行賠償責任後，向承攬人追償時，被保險人對本公司為行使該項權利之必要行為，應予協助，其所需費用由本公司負擔。

附件 D　工程支付款保證保險單條款

（資料來源：http://www.eia.org.tw/BONDS/PAB81.pdf）

第一條　（承保範圍）

承攬人不支付本保險單所載工程契約(以下稱工程契約)範圍內應付之酬勞或材料費，發生債務糾紛，經債權人依法定程序請求，致工程之全部或任一部分受假扣押或扣押處分，被保險人為維護其權益，代承攬人償付而受有損失時，本公司依本保險單之約定對被保險人負賠償之責。

第二條　（不保事項）

承攬人因下列事項，未能支付酬勞或材料費時，本公司不負賠償責任。

一、被保險人不依工程契約規定支付工程預付款或工程估驗款。

二、可歸責於被保險人之事由。

第三條　（保險期間）

本保險單之保險期間為自承攬人簽訂工程契約之日起，至工程契約所訂保固或養護期滿之日止。

第四條　（工程契約變更之通知）

工程契約如有變更時，被保險人應以書面通知本公司。

被保險人違反前項通知義務時，本公司之賠償責任仍以原工程契約為準，其因變更所增加之損失及費用，本公司不負賠償責任。但經本公司書面同意者，不在此限。

第五條　（發生不履行工程契約事故之通知）

被保險人於知悉承攬人不支付其應支付工程契約範圍內之酬勞或材料費時，應立即以書面通知本公司。

第六條　（賠償之請求）

遇有本保險單承保範圍之損失時，被保險人應立即以書面通知本公司，並檢具賠償請求書、有關資料及文書證件向本公司請求賠償。

第七條　（賠償金額之計算）

本公司之賠償金額以被保險人之實際損失金額為準，並以本保險單所載保險金額為限。

第八條　（協助追償）

本公司於履行賠償責任後，向承攬人追償時，被保險人對本公司為行使該項權利之必要行為，應予協助，其所需費用由本公司負擔。

附件 E　工程履約保證保險單條款

（資料來源：http://www.eia.org.tw/BONDS/PB81.pdf）

第一條　（承保範圍）

承攬人於保險期間內，不履行本保險單所載之工程契約（以下簡稱工程契約），致被保險人受有損失，而承攬人依工程契約之規定應負賠償責任時，本公司依本保險單之約定對被保險人負賠償之責。

第二條　（不保事項）

一、承攬人因下列事項未能履行工程契約時，本公司不負賠償責任：

　　1.戰爭（不論宣戰與否）、類似戰爭行為、叛亂或強力霸佔。

　　2.依政府命令所為之徵用、充公或破壞。

　　3.罷工、暴動或民眾騷擾。但承攬人或其代理人或與本工程有關廠商之受僱人所為者，不在此限。

　　4.核子反應、核子輻射或放射性污染。

　　5.可歸責於被保險人之事由。

二、本公司對承攬人不償還預付款所致之損失不負賠償責任。

第三條　（保險期間）

本保險單之承保期間為自承攬人與被保險人簽訂工程契約之日起，至工程完工經被保險人驗收合格並報經有關機關核准之日或被保險人書面通知解除保證責任之日止，以兩日期中先屆期者為準。

前項所稱驗收係指工程合約所訂保固或稱養護期間開始前之驗收。

於保險期間內，非經被保險人同意本公司不得逕行終止本保險單。

第四條　（工程契約之變更）

工程契約遇有變更時，本公司之保證責任以變更後之工程契約為準。但承攬人不履行契約應由本公司負賠償責任，而由被保險人按本保險單第六條第一項第二款規定，就未完成部分重新發包時所為之變更不在此限。

第五條　（發生不履行工程契約情事之通知）

被保險人於承攬人不履行工程契約時，應立即以書面通知本公司。

第六條　（賠償方式）

本公司於接獲前條通知後，得選擇下列任一方式，對被保險人負賠償之責：

一、由本公司代洽符合原投標資格並經被保險人同意之廠商依照原工程契約完成該

工程。

二、由被保險人依照原工程契約發包方式及契約條件而就未完成部分重新發包。本公司按重新發包之總金額超過原工程契約總金額扣除實際已付承攬人工程費之差額，對被保險人負賠償之責。

承攬人不履行工程契約致所受損失，包括利息、登記、運費、違約金、訂約費、稅捐、訴訟費及重新招標費用，本公司亦負賠償責任。

本公司對於前兩項之賠償責任合計以不超過本保險單所載保險金額為限。

第七條　（賠償之請求）

被保險人於知悉承攬人不履行工程契約時，應於六十日（如係依工程契約規定交付仲裁者，於裁定後三十日）或經本公司書面同意之期間內檢具下列資料，向本公司請求賠償，並隨時接受本公司指派人員之勘查：

一、賠償申請書。

二、損失金額估算書。

三、其他有關資料及文書證件。

本公司應於損失金額確定後十五日內給付賠償金。

第八條　（協助追償）

本公司於履行賠償責任後，向承攬人追償時，被保險人對本公司為行使該項權利之必要行為，應予協助，其所需費用由本公司負擔。

第九條　（保險契約之終止）

本保險單所載之承攬人變更時，本保險契約之效力即行終止。但中途由工程契約保證人繼續承攬經被保險人同意並書面通知本公司者，本公司仍依本保險單約定對被保險人負保險之責。

第十條　（放棄先行就承攬人財產為強制執行之主張）

本公司不得以被保險人未就承攬人財產強制執行尚無結果為由，拒絕履行對被保險人之賠償責任。

第十一條　（第一審管轄法院）

倘因本保險而涉訟時，本公司同意以本保險單所載被保險人住所所在地之地方法院為第一審管轄法院。

第十二條　（其他事項）

一、本保險單之批單、批註暨工程契約均為本保險契約之一部份。

二、本保險單之任何變更，需經本公司簽批始生效力。

三、本保險單未規定事項，悉依照保險法及其他有關法令辦理。

附件 F　工程保留款保證保險單條款

（資料來源：http://www.eia.org.tw/BONDS/RB81.pdf）

第一條　（承保範圍）

被保險人對於承攬人依本保險單所載工程契約（以下簡稱工程契約）規定領取之工程保留款，因不履行工程契約而受有損失時，本公司依本保險單之約定對被保險人負賠償之責。

第二條　（不保事項）

一、承攬人依工程契約之規定應提供工程保固保證或投保保固保證保險者；不論提供或投保已否，本公司對於工程保固保證或保固保證保險承保範圍內之損失，不負賠償責任。

二、因可歸責於被保險人之事由所致之任何損失，本公司不負賠償責任。

第三條　（保險期間）

本保險單之保險期間為自承攬人領取工程保留款之日起，至工程契約所訂保固或養護期滿之日或被保險人解除工程保留款保證責任之日止。並以兩者中孰先屆期者為準。

於保險期間內，非經被保險人同意本公司不得逕行終止本保險單。

第四條　（工程保留款變更之通知）

工程契約所載工程保留款事項遇有變更時，被保險人應以書面通知本公司。

被保險人違反前項通知義務時，本公司之賠償責任仍以原工程契約為準，其因變更所增加之損失及費用，本公司不負賠償責任。但經本公司書面同意者，不在此限。

第五條

發生不履行工程契約事故之通知被保險人於承攬人不履行工程契約時，應立即以書面通知本公司。

第六條　（賠償之請求）

遇有本保險單承保範圍之損失時，被保險人應立即以書面通知本公司，並檢具賠償請求書、有關資料及文書證件向本公司請求賠償。

第七條　（賠償金額之計算）

本公司之最高賠償金額，以承攬人領取之工程保留款或本保險單所載之保險金額兩者中較低者為限。

第八條　（協助追償）

本公司於履行賠償責任後，向承攬人追償時，被保險人對本公司為行使該項權利之必

要行為，應予協助，其所需費用由本公司負擔。

第九條　（放棄先行就承攬人財產為強制執行之主張）

本公司不得以被保險人未就承攬人財產強制執行尚無結果為由，拒絕履行對被保險人之賠償責任。

第十條　（第一審管轄法院）

倘因本保險而涉訟時，本公司同意以本保險單所載被保險人住所所在地之地方法院為第一審管轄法院。

第十一條　（其他事項）

一、本保險單之批單、批註暨工程契約均為本保險契約之一部分。

二、本保險單之任何變更，需經本公司簽批始生效力。

三、本保險單未規定事項，悉依照保險法及其他有關法令辦理。

附件 G　工程預付款保證保險單條款

（資料來源：http://www.eia.org.tw/BONDS/APB81.pdf）

第一條　（承保範圍）

工程承攬人因不履行本保險單所載工程契約（以下稱工程契約），致被保險人對工程預付款無法扣回，而受有損失時，由本公司依本保險單之約定對被保險人負賠償責任。

第二條　（不保事項）

一、被保險人對工程預付款不依工程契約規定，自應付之工程款中扣回，或因其他可歸責於被保險人之事由，無法收回所致之損失，本公司不負賠償責任。

二、工程契約所訂工程預付款以外之任何損失，本公司不負賠償責任。

第三條　（保險期間）

本保險單之保險期間為自承攬人領取工程預付款時起，至被保險人依工程契約規定扣清或承攬人還清全部工程預付款時止。

於保險期間內，非經被保險人同意本公司不得逕行終止本保險單。

第四條　（工程預付款變更之通知）

工程契約所載工程預付款事項遇有變更時，被保險人應以書面通知本公司。

被保險人違反前項通知義務時，本公司之賠償責任仍以原工程契約為準，其因變更所增加之損失及費用，本公司不負賠償責任。但經本公司書面同意者，不在此限。

第五條　（發生不履行工程契約事故之通知）

被保險人於承攬人不履行工程契約時，應立即以書面通知本公司。

第六條　（賠償之請求）

遇有本保險單承保範圍之損失時，被保險人應於六十日內以書面通知本公司，並檢具賠償請求書、有關資料及文書證件向本公司請求賠償。本公司應於損失金額確定十五日內給付賠償金。

第七條　（賠償金額之計算）

本公司之賠償金額，以本保險單所載保險金額減被保險人已抵扣或可抵扣及承攬人已償還工程預付款之差額為限。

第八條　（協助追償）

本公司於履行賠償責任後，向承攬人追償時，被保險人對本公司為行使該項權利之必要行為，應予協助，其所需費用由本公司負擔。

第九條　（放棄先行就承攬人財產為強制執行之主張）

本公司不得以被保險人未就承攬人財產強制執行尚無結果為由,拒絕履行對被保險人之賠償責任。

第十條 (第一審管轄法院)

倘因本保險而涉訟時,本公司同意以本保險單所載被保險人住所所在地之地方法院為第一審管轄法院。

第十一條 (其他事項)

一、本保險單之批單、批註暨工程契約均為本保險契約之一部份。

二、本保險單之任何變更,需經本公司簽批始生效力。

三、本保險單未規定事項,悉依照保險法及其他有關法令辦理。

附件 H　開發國內不可撤銷信用狀申請書

（資料來源：玉山銀行

http://www.esunbank.com.tw/download/doc/b2binlandIlocapply.file）

玉山銀行 E.SUN BANK _____ 臺鑒

日期：民國 ____ 年 ____ 月 ____ 日

茲請貴行准照前訂委任開發國內信用狀契約之約定依下開條件開發信用狀。	信用狀號碼： 開狀日期：民國 ____ 年 ____ 月 ____ 日	（開狀行填寫）
	通知銀行編號：	（通知行填寫）
本信用狀規定如有未盡事宜適用國際商會所訂現行「信用狀統一慣例與實務」之規定。	通知銀行： （如有需要指定銀行時請填上）	
	有效期限至：民國 ____ 年 ____ 月 ____ 日 （未填者自開狀日起三個月視為最後有效期限）	

申請人：
金額：新臺幣　　　　　元整
受益人：
地址：

本信用狀可由上開受益人在不超過上開金額範圍內依本狀規定條件簽發匯票承兌／付款，該匯票之條件：
　甲、付款人：玉山銀行
　乙、付款期限：□見票即付□以「定日付款」方式填寫到期日，其到期日為自發
　　　票日起算　　　天
　丙、金額：須與相關發票上所開列金額一致。
　丁、應檢附之單證如下：
　　　1.匯票承兌／付款申請書乙份
　　　2.統一發票
　　　3.
　　　上項單證應載明申請人向受益人購買下列貨品：

特別指示：　1.匯票承兌／付款申請書使用貴行所訂格式：
　　　　　　　□申請書上由信用狀申請人與受益人共同蓋章。（申請人應蓋用原留印
　　　　　　　鑑）
　　　　　　　□申請書上由受益人單獨蓋章。
　　　　　　2.分批交貨：□可以□不可以（未填者視為得分批交貨）

3. 最後交貨日期: 民國　　年　　月　　日 (未填者自開狀日起三個月
　　視為最後交貨日)

4.

申請人: 經理: 　(請蓋原留印鑑)	副、襄理: 經辦: 驗印: 利率條款: 貴行依本申請書開發信用狀所墊付之款項, 申 請人同意按墊付當時貴行公告之基準利率加碼年率 　　%計付利息, 如貴行基準利率調整時亦隨同調整。

經理:　　　　　　　副、襄理:　　　　　　經辦:　　　　　　驗印:

▶ 參考文獻

一、書籍

1. 王澤鑑,《民法學說與判例研究㈥》,作者發行,三民書局經銷,十版,1990 年。

2. 王澤鑑,《債法原理(第一冊)——基本理論債之發生》,王慕華發行,三民書局經銷,二版,2000 年 9 月。

3. 古嘉諄、劉志鵬主編,《工程法律實務研析》,寰瀛法律事務所出版,元照總經銷,2004 年。

4. 史尚寬,《債法各論》,作者發行,初版,1960 年。

5. 李淑明,《債法各論》,元照出版有限公司,二版,2006 年 8 月。

6. 李睿,《契約法》,高美芬出版,2004 年 5 月。

7. 李家慶,《工程法律與索賠實務》,中華民國仲裁協會出版,2004 年 9 月。

8. 李永然、蔡仟松總策劃,《實用契約書大全(中)》,書泉出版社,2005 年 2 月。

9. 林誠二,《民法債編各論(下)》,瑞興圖書股份有限公司,2002 年 3 月。

10. 邱聰智,《新訂債法各論(下)》,作者發行,元照出版有限公司經銷,2003 年 7 月。

11. 孫森焱,《新版民法債編總論(上)》,作者發行,三民書局經銷,2002 年 11 月。

12. 孫森焱,《新版民法債編總論(下)》,作者發行,三民書局經銷,2002 年 11 月。

13. 徐昌錦,《契約簽訂與履行》,書泉出版社,十版,2007 年 5 月。

14. 陳自強,《契約之成立與生效》,學林文化事業有限公司,2002 年 3 月。

15. 陳自強,《契約之內容與消滅》,學林文化事業有限公司,2004 年 1 月。

16. 陳建成，《新擔保物權修正與金融實務——以抵押權為論述中心》，中華民國農民團體幹部聯合訓練協會，2007 年 11 月。

17. 黃立主編，杜怡靜等合著，《民法債編各論（下）》，元照出版，2002 年 7 月。

18. 廖毅，《擔保物權法修正問題研析》，新保成出版事業有限公司，2007 年 5 月。

19. 劉春堂，《民法債編各論（下）》，作者發行，三民書局經銷，2005 年 7 月。

20. 鄭玉波，《民法債編各論（下）》，作者發行，三民書局經銷，十三版，1990 年。

21. 謝在全，《民法物權論（上）》，作者發行，三民書局經銷，二版，1997 年 9 月。

二、期刊論文

1. 王慶煌、邱銓城、王美慧，〈工程保證制度目標與改善策略之分析〉，《中國土木水利工程學刊》，第 5 卷第 3 期，1993 年 1 月。

2. 史尚寬，〈論保證與保證契約之構成及其特性〉，《法學叢刊》，第 10 期，1958 年 4 月。

3. 朱柏松，〈論保證人預先拋棄權利之效力——評最高法院九十二年台上字第一三六八號判決〉，《月旦法學雜誌》，第 125 期，2005 年 10 月。

4. 吳從周，〈人事保證期間規定溯及適用之實務難題〉，《月旦法學教室》，第 56 期，2007 年 6 月。

5. 李家慶，〈論工程保證里程碑之遲延〉，《營建知訊》，第 194 期，1999 年 3 月。

6. 李彥文，〈關於保證人、物上保證人及擔保物第三取得人清償代位之研究〉，《台灣本土法學雜誌》，第 30 期，2002 年 1 月。

7. 李永恒，〈連帶保證人之訴訟上抗辯與債權銀行之反對抗辯（上）〉，《企銀報導》，第 22 卷第 11 期，2004 年 11 月。

8. 李永恒，〈連帶保證人之訴訟上抗辯與債權銀行之反對抗辯（下）〉，《企

銀報導》，第 22 卷第 12 期，2004 年 12 月。

9. 林發立、顧立雄，〈BOT 興建營運合約之履約保證問題〉，《月旦法學雜誌》，第 33 期，1998 年 2 月。

10. 林誠二，〈最高限額保證，《台灣本土法學雜誌》，第 25 期，2001 年 8 月。

11. 林誠二，〈論政府採購之履約保證金——兼評最高法院九一年度台上字第九〇一號民事判決〉，《台灣本土法學雜誌》，第 72 期，2005 年 7 月。

12. 林誠二，〈保證人之保護——以保證人預先允許主債務人延期清償之效力問題為中心〉，《台灣本土法學雜誌》，第 78 期，2006 年 1 月。

9. 林廷瑞，〈民法三十年來之變遷——論擔保制度之變革〉，《法學叢刊》，第 117 期，1985 年 1 月。

14. 洪羽柔，〈工程履約保證金性質之初步檢討〉，《萬國法律》，第 127 期，2003 年 2 月。

15. 洪妙晶，〈默示保證簡介〉，《營造天下》，第 76 期，2002 年 4 月。

16. 施文森，〈論工程保證保險制度〉，《法學叢刊》，第 148 期，1992 年 10 月。

17. 孫鵬，〈論保證與物的擔保並存時之責任——兼評債權人擔保維持義務之確立〉，《月旦民商法》，第 16 期，2007 年 6 月。

18. 徐壯圖，〈保證責任之探討〉，《華銀月刊》，第 26 卷第 5 期，1976 年 6 月。

19. 陳洸岳，〈保證之規定對物上保證人之類推適用——以時效之相關問題與抵銷為例〉，《月旦法學教室》，第 52 期，2007 年 2 月。

20. 陳洸岳，〈「雙重保證」與「共同抵押」〉，《月旦法學雜誌》，第 60 期，2000 年 5 月。

21. 陳聰富，〈人事保證範圍與保證人之權利〉，《台灣本土法學雜誌》，第 9 期，2000 年 4 月。

22. 陳聰富，〈最高限額保證人之權利〉，《月旦法學雜誌》，第 74 期，2001 年 7 月。

23. 陳秋華，〈試論民法債編修正對銀行定型化契約中「保證條款」之影響〉，《律師雜誌》10 月號，第 241 期，1999 年 10 月。

24. 陳長文，〈論公司保證〉，《法令月刊》，第 32 卷第 4 期，1981 年 4 月。

25.陳怡林，〈「民法」債編修訂對銀行保證契約之影響〉，《金融財務》，第 5 期，2000 年 1 月。

26.許仁舉，〈債權之確保——保證、質權與抵押權〉，《土地事務月刊》，第 377 期，2002 年 11 月。

27.張嘉麟，〈論公司與他人所締結之保證契約的效力〉，《月旦法學雜誌》，第 19 期，1996 年 12 月。

28.張銘晃，〈論連帶保證人詐害債權之行為與債權人撤銷權之要件——兼評以最高法院八十八年度台上字第一三○二號判決為中心之相關實務見解〉，《月旦法學雜誌》，第 116 期，2005 年 1 月。

29.黃茂榮，〈保證契約之成立上的獨立性與保證債務之履行上的從屬性及候補性〉，《植根雜誌》，第 21 卷第 4 期，2005 年 4 月。

30.黃茂榮，〈保證連帶與擔保連帶〉，《植根雜誌》，第 20 卷第 6 期，2004 年 6 月。

31.黃茂榮，〈保證〉，《植根雜誌》，第 20 卷第 8 期，2004 年 8 月。

32.黃淑惠，〈淺論一般保證與連帶保證〉，《企銀報導》，第 19 卷第 5 期，2001 年 5 月。

33.楊淑文，〈論人事保證之從屬性與債權人之附隨注意義務——兼評民法債編關於「人事保證」之增訂條文〉，《台灣本土法學雜誌》，第 29 期，2001 年 12 月。

34.詹森林，〈信用卡定型化保證條款之效力㈠〉，《月旦法學雜誌》，第 7 期，1995 年 11 月。

35.詹森林，〈信用卡定型化保證條款之效力㈡〉，《月旦法學雜誌》，第 8 期，1995 年 12 月。

36.詹森林，〈信用卡定型化保證條款之效力㈢〉，《月旦法學雜誌》，第 9 期，1996 年 1 月。

37.詹森林，〈民法第七百三十九條之一實務問題〉，《月旦法學雜誌》，第 59 期，2000 年 4 月。

38.廖家宏，〈論債編增訂之人事保證契約的性質——獨立性或從屬性?〉，《法

律評論》，第 66 卷第 10 期～第 12 期合刊，2001 年 2 月。

39. 劉春堂，〈論保證〉，《華信金融季刊》，第 14 期，2001 年 6 月。

40. 劉春堂，〈人事保證之期間〉，《台灣本土法學雜誌》，第 79 期，2006 年 2 月。

41. 劉志鵬，〈從勞務管理角度看民法人事保證實務〉，《月旦法學雜誌》，第 93 期，2003 年 2 月。

42. 劉志鵬，〈工程契約連帶保證人之責任〉，《律師雜誌》10 月號，第 265 期，2001 年 10 月。

43. 蔡淑娟，〈民法保證制度於銀行債權確保實務運用之探討（上）〉，《彰銀資料》第 55 卷第 88 期，2006 年 11 月。

44. 蔡淑娟，〈民法保證制度於銀行債權確保實務運用之探討（下）〉，《彰銀資料》，第 55 卷第 89 期，2006 年 12 月。

45. 蔡明誠，〈物上擔保與保證之責任優先問題——最高法院八十八年度台上字第一三七六號民事判決及相關判決評釋〉，《台灣本土法學雜誌》，第 16 期，2000 年 11 月。

46. 駱永家，〈保證人在和解及破產程序上之地位〉，《臺灣大學法學論叢》，第 14 卷第 1 期，1984 年 12 月。

47. 戴志傑，〈論消費者保護法之定型化契約——以保證契約為中心〉，《法律評論》，第 68 卷第 7 期～第 9 期合刊，2002 年 9 月。

48. 羅子武、謝憲杰，〈保證、抵押權與連帶債務之實務探討〉，《營建知訊》，第 254 期，2004 年 3 月。

三、網路資料

1. 管靜怡，〈保證與擔保信用狀〉，http://192.192.200.10/cover.htm，最後瀏覽於 2008 年 12 月。

2. 劉麗芳，〈新版信用狀統一慣例之影響與因應之道（上）〉，《彰銀資料》，第 57 卷第 8 期，http://www.chb.com.tw/wps/wcm/connect/web/resources/file/eb3e1e497f0258f/57802pdf.pdf，最後瀏覽於 2008 年 12 月。

3.溫景新，〈新版信用狀統一慣例──UCP600 前言及第一條至第八條條文內容重點介紹〉，http://campaign.hncb.com.tw/intranet/monthly/mon052/05201.pdf，最後瀏覽於 2009 年 1 月。

四、我國法院判例、判決及民事庭會議決議

㈠判例

1.最高法院 39 年臺上字第 1053 號判例。

2.最高法院 44 年臺上字第 659 號判例。

3.最高法院 46 年臺上字第 163 號判例。

4.最高法院 60 年臺上字第 2130 號判例。

5.最高法院 68 年臺上字第 1813 號判例。

6.最高法院 70 年臺上字第 657 號判例。

7.最高法院 73 年臺上字第 1573 號判例。

8.最高法院 77 年臺上字第 943 號判例。

9.最高法院 79 年臺上字第 1301 號判例。

10.最高法院 79 年臺上字第 2015 號判例。

㈡判決

1.最高法院 69 年臺上字第 2915 號判決。

2.最高法院 77 年臺上字第 367 號判決。

3.最高法院 79 年臺上字第 1808 號判決。

4.最高法院 83 年臺上字第 2457 號判決。

5.最高法院 84 年臺上字第 476 號判決。

6.最高法院 84 年臺上字第 1703 號判決。

7.最高法院 86 年臺上字第 38 號判決。

8.最高法院 86 年臺上字第 3298 號判決。

9.最高法院 87 年臺上字第 412 號判決。

10.最高法院 87 年臺上字第 1535 號判決。

11.最高法院 88 年臺上字第 922 號判決。

12. 最高法院 88 年臺上字第 1009 號判決。

13. 最高法院 90 年臺上字第 164 號判決。

14. 最高法院 93 年臺上字第 1846 號判決。

15. 最高法院 95 年臺上字第 223 號判決。

16. 最高法院 95 年臺上字第 352 號判決。

17. 最高法院 95 年臺上字第 1242 號判決。

18. 最高法院 95 年度臺上字第 1517 號判決。

19. 最高法院 96 年臺上字第 2830 號判決。

20. 最高法院 96 年臺上字第 1471 號判決。

21. 最高法院 96 年度臺上字第 1603 號判決。

22. 臺灣高等法院 83 年上字第 576 號判決。

23. 臺灣高等法院 86 年重上更㈠字第 187 號判決。

24. 臺灣高等法院高雄分院 88 年重上更㈠字第 49 號判決。

25. 臺灣高等法院 88 年重上字第 329 號判決。

26. 臺灣高等法院高雄分院 89 年重上更㈡字第 39 號判決。

27. 臺灣臺中地方法院 88 年訴字第 2611 號判決。

28. 臺灣高等法院 90 年度重上字第 133 號判決。

29. 臺灣高等法院 90 年上字第 284 號判決。

30. 臺灣高等法院 90 年重上字第 564 號判決。

31. 臺灣高等法院 91 年重上更㈠字第 80 號判決。

32. 臺灣高等法院高雄分院 93 年上字第 66 號判決。

33. 臺灣士林地方法院 96 年訴字第 1182 號判決。

34. 臺灣臺北地方法院 84 年訴字第 1168 號判決。

35. 臺灣臺北地方法院 96 年訴字第 5263 號判決。

㈢民事庭會議決議

最高法院 95 年第 3 次民事庭會議決議。

法學啟蒙叢書
——帶領您認識重要法學概念之全貌

在學習法律的過程中，常常因為對基本觀念似懂非懂，且忽略了法學思維的邏輯性，進而影響往後的學習。本叢書跳脫傳統法學教科書的撰寫模式，將各法領域中重要的概念，以一主題即一專書的方式呈現。希望透過淺顯易懂的說明及例題的練習與解析，幫助初學者或一般大眾理解抽象的法學觀念。

最新出版：

民法系列

・保　　證	林廷機／著
・法律行為	陳榮傳／著
・民法上權利之行使	林克敬／著
・不當得利	楊芳賢／著
・婚姻法與夫妻財產制	戴東雄 戴瑀如／著

刑法系列

・刑法構成要件解析	柯耀程／著

行政法系列

・地方自治法	蔡秀卿／著
・行政罰法釋義與運用解說	蔡志方／著

本系列叢書陸續出版中……

法學啟蒙叢書

◎ 地方自治法　蔡秀卿／著

　　本書內容大致上分為三大部分，一為地方自治之基礎概念，二為住民自治部分，三為團體自治部分。本書特色，除以法理論為重外，並具歷史性、前瞻性及國際性之特色。基本上是教科書性質，並有實務檢討、外國法介紹及現行法制檢討，適合學生、實務界及學界閱讀。

◎ 行政罰法釋義與運用解說　蔡志方／著

　　本書針對民國95年2月5日開始施行，全文46條的「行政罰法」，逐條就它的意義、可能存在的疑義、本法不同條文規定間的關係和本法與其它法規規定的關係，以及實際上要如何運用，用淺顯易懂的白話和比較輕鬆的口吻，就各條規定所根據的嚴肅法理，作了徹底的解說，很適合所有需要認識、理解和適用這一部法規的法律人和一般民眾參考。